是枝裕和×樋口景一

公園対談

クリエイティブな仕事はどこにある？

廣済堂出版

公園対談

クリエイティブな仕事はどこにある?

目次

夏篇

はじめに

樋口景一

若き社会人のための書籍、というお話をいただいたとき、これはなかなかに難しい話だなと思いました。偉そうなことを言ってもしょうがないし、そのような言葉が何らかの役割を持つとも思えない。時代はものすごいスピードで変化しているし、それはつまり過去のものが風化する速度もまた速いことを示すわけですし、自分たちの時代はこうだった、と語ることには意味がなくなっていく。それが事実だと思います。

それでもなお、何か継承できるものがあるとしたら、そして何か伝えられるものがあるとしたら。それは知識でも知恵でもノウハウでもなく、まがりなりにも、生きてきた人間としての生きた言葉、でしかないのではないかと思いました。

社会人になってしばらくして思ったのは、人生というのは思いのほか長いものだな、ということでした。どこかで出会った人と、いずれまた会うことになる。どこかでやった仕事と、いずれまた出会うことになる。全てのものは関係し合いながら存在していて、だからこそその場その場でものごとが終わることはなく、その影響は次のものへ、また次のものへとつながっていく。それはまるで水面に石を投げるようなものだと思います。波紋は次の波紋となり、風と混じることもあれば別の石が作った波紋と混じることもあれば、雨と混じることもある。それは動きながら、また新たな動きを待つ。仕事というのはすなわち世の中に投じる何か、というものであり、それがもたらすさまざまな動きの中に我々は存在している。だから目の前のことをないがしろにしてはならないし、目の前の人をないがしろにしてはならない。そういうことに気づいて、かなり愕然とした覚えがあります。

ああ、人生というのは長いのだなと。仕事をする、というのはそこととつきあうということなのだなと。

またあるとき、僕が尊敬してやまないコピーライターが、若手のコピーライターに「どうしたらよいコピーが書けるようになりますか」という（ある種身も蓋もない）質問をされたときに、「結局は生きるしかない」と答えたことも僕にはなるほどと思ったできごとでした。近道というものはどこにもなく、そもそものを見る角度をたくさん持つための人生経験を積み、道を歩んで行くしかない。

何か伝えられることがあるとしたら、そのあたりのことではないかなと思いました。そしてその部分については若い社会人を見ていると少し意識してもよいかと気になるところでもありますし、だから本書は、仕事人としてのことを語るものでありながら、人生の春、人生の夏、人生の秋、人生の冬、という四つの季節にあわせ、それぞれの時間を生きるということのなかで語っています。仕事人としてのはじまりの時期をどう生きるか、成長期をどう生きるか、成熟期をどう生きるか、今後についてどう見ていくか。

是枝さんとは、もともと仕事上のつきあいではなく、プライベートでおつきあいをさせていただいていました。その中で家族の話をしたり、少しだけ仕事の話をしながら、もしこのような書籍におつきあいいただけたら幸せなことだなと感じていましたし、もちろん是枝さんの作品のファンの一人として、その仕事観に触れてみたい、いろんな話を聞いてみたい、ということもありました。でももっと言うと、是枝さんの作品に溢れている、人間に対する温かな「眼差し」を考えたとき、それは作品のなかだけでなく、きっとものづくりのプロセスや、一緒に働いている方々においても注がれているはずで、その「眼差し」を少しでも垣間みる場があるとすると、それは多くの若い社会人にとってとても素晴らしい機会になるのではないかと思いました。もちろんお忙しい方なので、負荷とならないように、季節ごとの対談という形をとらせていただいて。

改めて四つの季節に行った対談を見返すと、やはり是枝さんらしい温かさに溢れた言葉の数々です。僕自身は、語りつつ、でも聞き役としてそばにいさせてもらう、という感覚で臨んでいます。対談の場所となった世田谷公園は、僕も是枝さんもよく知っているところで、もともとどの季節にも足を運んだ経験のある場所です。

でも、こうやって改めて季節ごとの対談の場として考えてみると、本当に季節感に溢れた素晴らしい場所でした。桜を見ながら、緑を見ながら、もちろん蚊に悩まされたり、寒さに震えたりもしながら、まさにその季節に対談をすることで生まれる言葉に何かしら感じてもらえるようなものが含まれているとしたらいいなと、希望的にはそう思っています。

春篇

仕事人としての位置づけ

社会人としてのはじまりの時期について、何か伝えることがあるとしたら、という考えのもとで話をしています。どうやっても悩み多き時期だと思います。そして以前と比較しても悩みが多くなりがちだと思います。SNSを通じ友人知人まわりの人についての情報が多すぎて、自分の位置をどうしても相対的に捉えてしまう状況が生まれています。没頭することが難しく、一心不乱ということが生まれにくい。もちろん、他の道を選ぶ選択技も以前より多くなっている。働き方は多様になり、でも評価のされ方はまだそれほど多様でなく、だからこそ見てほしい自分が生まれ、自意識ばかりが肥大化する。しかしながら、ここで語ってあるのは、むしろ挫折の数々です。どれだけ成功したかをアピールする場面が増える昨今ですが、むしろこの時期に必要なのは適切な挫折ではないかと思います。まわりの環境になじめない、ということがあったとしても、それはそのなじめなさのなかに個があるわけであり、そこにこそこれから寄って立つ特徴がうまれるのかもしれない。そういうことを経験することで、仕事をする人間としての足腰が定まってくるのではないかと思います。二人に共通するのはむしろ暗い数年感の想い出です。

なぜ、この仕事についたのか

とにかく映画が好きだった

樋口　是枝さんは大学を卒業してテレビマンユニオン（テレビ、映画等の制作会社）に入られたわけですが、そのきっかけはどんな感じだったんですか？　大学のときから映画にかかわっていたんですか？

是枝　映画が好きだった。ただ、それだけです。

樋口　撮っていたわけではないんですか？

是枝　全然。自分には先輩後輩の上下関係が無理だと思っていたので、映画サークルには入らなかった。

樋口　早稲田って映画や演劇のサークルがすごそうな感じしますね。

是枝　そうなんですよ、偉そうでしょ？　僕はとにかく上下関係がダメなんです。だから大学時代は映画を観て歩いていただけ。当時はレンタルビデオ屋がはやり出す前で、僕は映画館で映画を観た最後の世代だと思います。

樋口　僕も大学に入ってすぐのとき、映画サークルの説明会に一回だけ行ったことがあるんです。でも、初期の映画を観て絶賛しなければいけないというような空気を感じて、これはなかなか大変だなーと思って結局入らなかった。

是枝　僕らもそういう時代だった。一九八〇年代には結構そういう空気がありましたね。

樋口　じゃあ、一人で映画を観まくって?

是枝　そう。一人で映画観ているだけ。今から考えると幸せな5年間でした。何にも考えずに、毎日「今日何観ようかな」「何の本を読んで、何の映画を観ようかな」というだけで過ごしちゃったからね。だから、当時やっていたことが直線的に仕事に繋がっているように見えるかもしれませんね。

就職については「映像の仕事にでも就こうかなぁ」くらいの気持ちだったんです。1年留年して5年目の春、放送局はもう内定を出し始めている時期だった。マスコミ塾に所属している学生は、前年の秋に青田買いが終わっていました。そんなとき、たまたま池袋の小さな映画館で『星空のむこうの国』というファンタジー映画を観たんです。監督は小中和哉さんという僕と同い年の人だった。「同い年でもこんなふうに映画を撮っている人がいるんだな」と思って経歴を見ると、メディアワークショップという名前があったので調べてみると、それを始めたのがテレビマンユニオンをつくった村木良彦さんという人だった。それをきっかけにメディアワークショップに入って、結果的に村木さんに惹かれてテレビマンユニオンに行くわけです。メディアワークショップに行くと「もうテレビ局は全部決まってるよ」と言われました。映画のほうは社員を採用する状況じゃなかった。

その時期、糸井（重里）さんとか川崎（徹）さんとか仲畑（貴志）さんとかがすごく人気があったので、「広告批評」主催の広告学校にも応募しました。コマーシャルも面白いかなと思っていたんだよね、きっと。

樋口　出版社も受けられた？

是枝　文芸誌のあるところを受けました。だけど、受かったのは福武書店だけ。当時、福武書店は「海燕」という文芸誌を出していて、その編集部に入ろうと思ったんですよ。アルバイトで進研ゼミの赤ペン先生というのをやっていたので、それもあって受かったんだと思います。

樋口　いいですね、それは。

是枝　「海燕」の編集の仕事をしながら小説を書こうと思っていたんです。もともと小説を書きたいと思っていて、それが大学時代に映画にシフトしたわけだけど、まだどこかに文章を書きたいという気持ちが残っていたんでしょうね。そんなに覚悟が決まっていなかったんですよ。福武書店には受かったんだけど、「海燕」はいつまであるかわからない。一方でテレビマンユニオンにも受かったので、「三、四年テレビをやってみて、三〇歳になるまでに独立して、映画ができるような体制をつくろう」と思っていた。甘い夢を見ていました。

実際には、会社に入って一年間いろいろなアシスタント業務をやって、「俺、このままここにいたら死ぬな」と感じました。今から考えると、ただの5月病です。思っていたほど自由ではなくて、いろんな軋轢《あつれき》を生んでしかも暗くて、動けないからADとしては全く役に立たない。新人が入って来ると「是枝みたいにはなるな」と言われるような存在になった。

樋口　テレビの世界は独特のものがありますよね。パワハラもセクハラも当然の時代でしたし。

是枝　樋口さんは、なんで電通に入ったの？

樋口　僕は大学院に進もうと思って論文を書いていたんです。美術館を訪れた人が、絵画にどんなタイプの解説が付いていると思いを膨らませることができるのか、そんな絵画にまつわる認知心理学の論文です。

抽象画にもシュールレアリズムの絵にも具象の絵画にも、同じようなキャプションが付いていているのは変じゃないかというところからスタートして、研究を進めていて。そんなとき、教授から「広告代理店の人から共同研究を持ちかけられているんだけど、どうする？」って言われたんです。それが初めて広告代理店という存在を意識したタイミングですね。

で、教授に一度話を聞いてみればと言われて、その会社の人に会ってみると、「卒業後はどうするんですか？」と聞かれて、「大学院に行くつもりです」と答えると、「興味があったら、うちに来ませんか？」って言われたんです。それで、社会人になってもまた研究に戻れるかもしれないから、一度就職してみようかなぁと。

それは別の広告代理店だったんですが、僕は大学時代ずっと演劇をやっていて、演劇の先輩が電通にいたんです。その先輩から「お前、大学院行くんだよな？」と聞かれて、「そのつもりだったんですが、就職しようと思います」と答えると突然、「じゃあ明日、電通の人事に会え」と言われたんです。
そんなこんなで、そのまま入社。電通にはオリンピックやワールドカップとか、広告以外の領域があるらしいとわかって、そっちのほうが楽しいのかもしれないなんて思いながら入りました。だから、この業界が好きでというより、入ってから何ができるか考えようと思っていたクチです。

是枝 当時はそんな感じだったよね。今は大学の四年間が就職に一直線につながっている。

樋口 完全にそうですよね。大学が就職予備校のような雰囲気になってる感じもありますし。遊びのない、成長余力のない人ばかりが生まれてしまうような気がしますね。

是枝 そうだよね。のびしろがない感じ。

隣の人が何をやっているかわからない会社

樋口 僕は新入社員のとき、いきなり「しばらく中国に行ってこい」と言われたんです。大学のときに演劇の勉強で海外生活の経験はあったので、入社したときに「海外の仕事をやってもらいたいんだ」とは言われていましたけど、電通はおおざっぱな会社だから誰もくわしく教えてくれない。で、「クライアントが中国に進出しようとしているから、お前も行ってうまくいくまで帰って来るな」と。

是枝　電通らしいね。

樋口　むちゃですよね。隣の席の人が何をやっているのかわからないようなところもありますし。そもそも中国の人々とのコミュニケーションをどうやってとればいいかわからないし、イベントのやり方もまったくわからない。それでも、中国の現地スタッフと一緒に仕事をやらざるを得ない。流されながら生きるという感じでしたね。ぐっちゃぐちゃな毎日でした。

是枝　入ったばかりの人に仕事を任せるんですね？

樋口　当時はみんながそれぞれ忙しくて手一杯で、下の面倒など見られない感じでしたね。丸投げしてもらってありがたかった部分はありますが。ものすごく大変な場面で、味方がいないという貴重な体験ができたわけですから。

是枝　樋口さんは何年入社ですか？

樋口　一九九四年です。

是枝　僕が入ったのは八七年。テレビはまだルーズだったけど、六〇年代や七〇年代に比べるとすごく不自由になっていたんだと思います。一年目で生意気な話だけど、「こんな雑用は僕がやらなくてもいいじゃないか」って思った。それから、ロケに行って、夜タレントさんを囲んで飲んで、「お前、なんかやれよ」と言われても、サークルのコンパとか経験したことがないから、何も芸がない。「お前、座持ちしないな」なんて言われて、「俺、芸人じゃないのに」と思う。そんなことの繰り返しと、現場での執拗なパワハラにはほんとうに辟易した。

ただ、あるとき、当時のテレビマンユニオンの看板番組〈世界ふしぎ発見！〉という番組のディレクターが忙しかったので、そこに配属されて、アシスタントディレクターなのにいきなり一人で二週間くらいイタリアにロケハン行かされたんです。もちろん現地ではコーディネーターがついて、一緒に回っていろいろなものを仕込んで帰ってくるんですが、僕は海外に行くのも初めてだったんです。しかもロケハン終えて戻って来て、いざ本番とディレクター連れて撮影に行ったらコーディネーターが会社辞めていて。撮影許可もとってなくて。もうボロボロで。一歩間違っていたら、というような状況が結構ありましたね。今はもうそんなことはないですね。仕事を任されるには三、四年かかるし、ディレクターになるのも五年六年かかる。僕の場合、意外と早かったんですよね、そういう意味では。

勝手に育つしかない

樋口　現在のようにいろんなことが管理されてなくて、ルーズだったから、そうやってやれるチャンスがあったのかもしれないですね。

是枝　今は管理されたがっている学生が入ってくるようになったというのもありますね。

樋口　僕のところもそうだなあ。学生が面接でいきなり「御社の社員育成システムはどうなっていますか？」なんて質問をする。そんなことを気にするなんて、どんな意識なんだろうと思いますけど。

是枝　育ててほしいんだ？

樋口　本当は誰かに育ててもらうではなく、本人が伸びていける人間になって勝手に育つ以外ないじゃないですか？　自分で育つ意識がない人は、どんなに育てようとしたって……。

是枝　無理だよね。

樋口　自分がやりたいことをやるのではなくて、「きちんとした会社人になれたら、それでいい」と思って会社選びをしているのかな。何かに没頭して、なんでもやってみないと成長しないですよね。それなのに、ステップをきちんと踏めば成長すると思っている人が多くなった気がします。没頭して徹底するからスキルが生まれるはずなのに。

先日、ある仕事をしたとき、建築を任されている方に大きなチャンスが巡ってきたんです。その建築家にとっては一生を左右するようなことだった。でも、その人は手一杯になって「もう、できないです！」と言う。もうできないというのは、やらされているからですね。自分のこととして頑張れば明らかに一段上のステージに行けるのに、ここで投げ出すのかと驚きました。周囲の人には、そこが大事な分かれ目だとわかるんだけど、その人だけがわからなくて放棄してしまう。こういうことってあるんだなと思いました。ここを頑張れるかどうかで変わるというタイミングがあるんだけど、なかなかそこがわからない。

ここで仕事人生が変わった

こいつらを殺してから辞めよう

樋口　是枝さんは、ここが人生の分岐点だったというの、あります?

是枝　僕は二八歳のときに明らかな分かれ目がありましたね。そのときにつくった番組です。それまでは、基本的に人の企画に乗っかって仕事をしていたから、どこかに逃げがあったんだよね。アシスタントとして責任を負わない形で仕事をしていたので、つまらなくても「これ、俺の企画じゃないし」と思ってた。

そんなとき、ある番組に取材ディレクター的な立場で入れてもらったんです。海外ロケして戻って来て取材ビデオつくってスタジオで流してという仕事。全体は総合演出家がやるし、番組の形はでき上がっていたから、制作マニュアルがあるような仕事だったんだけど、僕は生意気だったからマニュアルを崩そうと思ったんです。すると、

「形になっていない」と言われた。それのせめぎ合いがずっと続いて、結局「やめます」と言った。それが、入社して四年経たない間の三度目の衝突で、三度目の長期欠勤。

樋口　そうなんですか。

是枝　もうまったくのダメ社員ですよ。基本的に出来高制の契約形態で、たくさん稼ぎたい人はたくさん番組やればいいし、あんまり稼がなくてもいいという人はちょっとだけ働くというのが許されている組織でした。僕が入った当初、テレビマンユニオンでは〈アメリカ横断ウルトラクイズ〉をやっていたんですけど、その番組しかやらない白井さんという人がいて、その仕事がないときは会社に来ないんです。夏場になると予選が始まるから、そろそろ白井さんが来る季節だねなんて言ってた。

樋口　面白いですね。

是枝　それで、〈ウルトラ〉が終わるともういなくなっちゃう。格好良いんですよ。そういう姿に憧れました。でも、面白かったですね、そういう時代のほうがね。そんななかで僕は海外ロケに行ったのに結局放送できないものをつくってしまってそのレギュラーのチームを離れたわけです。「あーもう無理だな、俺、ここでやってくの」と思った。だけど、みんなが「是枝はもうやっていけないな」と思っているのがわかると、僕は天の邪鬼で、負けた奴だと思われるのが嫌なので、「殺すリスト」というのをつくったんです。

樋口　えぇ？（笑）

是枝　こいつらを殺してから辞めようと（笑）。その時期に、自分で企画書をつくって放送局に持って行って実現したのが僕のデビュー作です。〈NONFIX〉というフジテレビが深夜にやっていた番組で、生活保護をテーマにしたすごく重いノンフィクションを一時間やった。初めて自分で一時間番組をやったんです。

それまではコーナーのディレクターだったから、一五分くらいのビデオをつくるくらいの仕事しかしていなかったんだけど、いきなり企画が通って、ほかに仕事もないから半年かけてそれをつくった。そのとき、初めてプレッシャーというものを感じたんです。自分の企画で枠をもらって予算をもらって取材をしたから、関わった人に対する責任もあるし、企画を通してくれたプロデューサーにも恩があるし、とにかくちゃんとしたものにしなければいけないという気持ちでやりました。

するといろいろな発見があった。アシスタントのときに散々言われたことが活かされたり、「あー、あの人が言っていたのは、こういうことだったんだな」とようやく気づいたこともありましたね。そういう人は「殺すリスト」から外しました。そのとき、高校からの友人が見てくれていて、「お前は何を考えているかよくわからない奴だったけど、番組を見たら、会って話しているよりもお前の考えていることがよくわかった」と言われたんです。じつは、自分でもそういうことは感じていたんです。

自分のなかに溜まっていたいろんな考えや感情が、仕事を通して表現できた。「僕は人と関わったり物を考えたりするときに、映像制作というものが必要なんだな」と思いました。それで、続けようと思ったんです。それが二八歳のときだった。二八歳でそういう経験をして、「あれ？　この仕事面白いかもしれないな」と初めて感じました。

樋口　そうなんですね。

是枝　それがなかったら、たぶんその段階で辞めて、別の仕事に就いていたでしょうね。

樋口　もし別の仕事に就いていたら、何をしていましたか？

是枝　学校の先生。

樋口　学校の先生⁉　へー！　学校の先生になりたかったんですか。

是枝　すごくいい加減な先生。高校で国語を教えながらバレー部の顧問やって夏休みに小説を書く。発想としては福武書店の「海燕」と一緒です。

樋口　なるほどね。

是枝　教職をとるという条件で親に留年させてもらっていたから資格はもっていた。教育実習で失敗したのであきらめたけど、一応免状はあったので、そこから人生再スタートもありかなと思っていたんです。

自分の居場所はここにあった！

樋口　僕は二八歳くらいのときの仕事で大失敗をして、それをもとに三四歳のとき、ちょっと納得のいった仕事ができた。それでなんとなく続けようかなって思ったんですね。

二八歳のときに、町の活性化プロジェクトを担当しました。東海地方のある自治体なんですが、入社三、四年目のときで、もういくつかの仕事を経験していたので、「だいたいこういうことやれば若者は来ますよ」という感じの仕事の仕方をしたんです。音楽イベントをやって、そのときはうまくいった気がしたんですね。ところがまったく根づかなかった。

それは当たり前で、「東京ではこれが流行っているから」と、ほかの地域でやっても、その地域の魅力とはまったく関係のない話で必然性がないわけです。それで、二年目は規模を縮小して、三年目にはなくなった。そんな仕事をしてしまったというのがすごくショックで、もうダメかもしれないと思いました。

その後、三四歳のときにあるアパレルの仕事をすることになったんです。

よく見ると東京には一駅ごとに違うファッションの「人種」がいる。それがものすごく面白いなって思っていたんです。同じアイテムを、一駅ごとにまったく違う着こなしをしている。それを映像にして東京の地図をつくったら、海外の人が魅力的に感じてくれるんじゃないかと思ったんです。実際に、海外で大きな反響を呼んで、賞もそのとき初めていただきました。

是枝　それ、何線でやったの？

樋口　山手線をベースに、主要駅のある多くの路線をまたいでやりました。一カ月で一〇〇〇人撮影したんです。高円寺には高円寺の着こなし人がいるし、荻窪には荻窪の人がいる。吉祥寺には吉祥寺のファッション人がいるし、下北沢に行けばまったく違う人がいて、すごく面白い。

そのときに、その町の歴史や文化、その町に生きている人々にきちんと向かい合って、そこでしか生まれないものをベースにものづくりをすると、いいものができるかもしれないと思ったんです。海外の人から「これまでの東京のイメージと、まったく違うところに光が当てられて魅力に感じられた」と言われた。

このとき、自分の居場所が見つかったっていうんですかね。泥臭く、細かく丁寧にものごとを見つめ、そこにしかない魅力をさぐっていくというあたり。

そもそも僕は田舎から出てきて、自分の居場所があるのかどうかよくわからないなかで職を選んだ。どこに自分の居場所があるのかずっとわからないまま仕事をやってきたんですけど、そこで失敗をしたうえで、「あ、この辺の居場所だったら自分はできるかもしれないな。これを続けようかな」というテーマに出合えた。今やっていることも、その延長線上です。一見見えにくいもの、ネガティブにすら見えているようなものに別の角度から光を当てる。

結局やりながらでなければ、自分に何が向いているか、何ができるかわからないですね。

是枝　ほんとにそう。

「クリエイティブな仕事」なんてない

樋口　僕は「適職」というのは怖い言葉だなと思っているんです。適職という概念があると思うと、それは合う合わないという話になって、努力して勝ち得るものという概念ではなくなる。それがすごく怖い。

是枝　難しいね。僕が仕事を始めたときに、テレビマンユニオンには何人か優れたつくり手がいました。最初の社長が萩元晴彦さんという人で、もう一〇年以上前に亡くなりましたけども、TBSからスタートして最終的にはカザルスホールやサントリーホールなどのプロデュースを手掛ける。テレビから音楽の世界にいった人なんだけど、長野オリンピックではプロデューサーとして開会式と閉会式の演出に携わりました。

その萩元さんに最初に言われたのが、「クリエイティブな仕事とクリエイティブでない仕事があるのではない」ということ。「その仕事をクリエイティブにこなす人とクリエイティブにこなさない人間がいるだけだ。そう考えて仕事に当たりなさい」と言われました。

樋口　いいですね、それは。

是枝　もう二五年も前のことだけど、いまだに覚えているということは、自分が仕事をしながらそう感じたんだよね、きっと。

樋口　すごくわかります。

是枝　ただね、アシスタントディレクターの仕事として「ディレクターが吸いたい煙草をウエストポーチに入れておいて、なくなりそうになったらハイって出す。それも演出だ」と言われる。だけど、僕は「吸いたい煙草くらい自分で買って用意しとけよ」と思った。「それはクリエイティブか？」と思ったわけ。それがアシスタントディレクターのクリエイティブだと言われると、その「アシスト」っていうのは方向性が違うんじゃないかと思ったんです。

ディレクターに気持ちよく仕事をしてもらうために、身の回りの世話を焼くのがアシスタントディレクターの仕事になっているんです。助監督が、監督と寝食ともにして、台所で晩ご飯をつくったりする。楽しければいいんだけど、番組そのものに対してイマジネーションを働かせるような仕事でなければ、アシスタントディレクターを三年やっても演出という仕事につながっていかないと思っていた。今も思っているんだけど。

テレビのアシスタントディレクターは、そこでけっこう疲弊してしまうんです。だから、「自分には向かない」と辞めていく気持ちもわからなくはない。わからなくはないけど、そのときに、「その向かない自分って何?」ってちょっと考えていくと、違う見え方があるかもしれない。

僕は、映像はつくっているけれど、自分を作家だとは思っていないんです。自分のなかに溢れんばかりのイマジネーションがあるわけではない。何かと関わったときに、「あっ」と発見するとか、知らなかったことに出会ってそれを形にしていく媒介だと思っている。テレビのディレクターとはそういうものだと思っているんです。そのために視野を広くするとか、人とコミュニケーションできる言葉をもつとか、そのへんはスキルとしていくらでも鍛えられます。

樋口　たしかに。

是枝　僕はまったくそうしたスキルのない人間だったから、それが仕事によって鍛えられたんだけど、そのときにはそれほど「自分」は必要ないというか、あるとむしろ邪魔になる。だから、「自分なんてたいしたものじゃない」と気づくことができれば、「自分」が大事になって仕事を辞める人はもうちょっと減るんじゃないかな。

「自分」は人の間にしかない

是枝　映像系の学校に教えに行ったときにいろいろと感じるんですが、その一つは、とにかく人に見られずに映像がつくれること。自分で撮ってパソコンに入れると、一人だけで完成品ができる。それで、作製の途中で人に見てもらって、「これ、わかんないよ」とか「これ、つまんないよ」と言われない人や、言われたくない人が増えているんです。もちろん、それで傑作ができることもあるかもしれないけど、「じゃあ、なんで学校に来てるの?」って思う。

僕が「こうするとわかりやすいよ」と意見を言うと、「いや、別にそうまでしてわかってほしくないんですよね」なんて言うんです。「テレビはどう?」と聞くと、「テレビだと僕の作家性が活きない」なんて結構平気で言う学生がいる。そんなときは、「いや、何か言われるだけで消える程度のものなら、たいした作家性じゃないから、それ一度なくなっても大丈夫だと思うよ」って言うんです。「ほんとうに作家性をもっていたら、また出てくるよ」と。そう言うんだけど、彼らはバリアを張るんですね。

人と違う「わたくし」があって、それが作品に直結すると思いこんでいる人が結構多い。とくに男子に多いですね。女子のほうがコミュニケーション能力が高い。

樋口 女子のほうが世慣れしていますよね。

是枝 うん、鍛えられている。

樋口 女子のほうがいろんなタイプの人と出会った経験があるんでしょうかね。男子は自分もしくはものすごく小さなコミュニティだけで生きているから……。

是枝 幼いよね。

樋口 幼いですよね。大学で教えていても、それはすごく感じる。

是枝 そうですよね。樋口さんはもう何年教えているんですか？

樋口 八年ぐらいになります。

是枝 同じぐらいだ。僕もちょうどそのぐらい。

樋口 どんどん男子の元気がなくなっていく八年間。

是枝　なんでだろうね。よくわかんないな。

樋口　そして、自分探しの旅に出て行って、よりひどい人間になって帰って来る。人と関わらないと成長できないのに、人と関わらない経験だけを積んでどうするのっていう感じです。

是枝　じつは僕も同じなんだよね、たぶん。いろんなタイプの人間と接触して疲弊して先生になろうかなと思ったのは、意識としては彼らと同じ気がする。それにしても、今はそういう子が多い。

樋口　さっき是枝さんがおっしゃった、取材でいろんな方と接して初めて媒介としての自分が見えてくるという話はまさにその通りで、そういうものは結果として得られるもののような気がするんです。だから、「自分」は、最初からは必要ない。人と接するなかで触発され、それをもとに「自分」が伝えられることがあるかもしれないということだと思うんです。

「仕事のスタイル」とは何か

まったく異なる価値観をもつ人たちとの出会い

樋口　僕は若いときに一度すごい軋轢を生んだことがあるんです。ある部署に移るための面接で、「僕はこういうことをやりたいんです」と言うと、そこにいたある人に「いや、お前は言われたことだけやってりゃいいんだよ」と言われた。「クリエイティブ・ディレクターの下で、コピーを一日一〇〇本書いてりゃいいんだよ」と言われて、だったら、僕はそのセクションには行きたくない、と言ってしまったんです。

表現するのは自分であり、そこにパーツをつくる人がいる。そんなふうに自分が表現者としての主体であるという意識が強すぎるのは違うんじゃないかと思っているんです。世の中にはまったく知らない生き方や、まったく異なる価値観の人がたくさんいて、そういう人たちと出会った結果、何か生まれることのほうが大事だという気がするんですね。

是枝　ほんとうにそうだと思う。カメラを使う表現って、カメラは自分のほうを向いてないから、撮れるのは自分以外のものですよね。だから、まず外をどのくらい見られるか、それがないと、いくら表現したい自分がいてもいい仕事にはならない。実際に広がっている世界をちゃんとつかめていないのに、それを自分の色で覆おうとすると失敗するんですよね。

でも、テレビ界にもそういう人が多くて、僕もそういう轍を踏みそうになった。そうなりがちなんだよね。頭で考えて現場へ出て、頭で考えたことが覆されたときに、それを発見だとは思わずに、「やばい、予定がくるったからなんとか最初の予定に現実を合わせなくちゃ」と思う。今ＢＰＯ（放送倫理・番組向上機構）の委員をやっていても、だいたい現場で起きているトラブルはそれです。

ディレクターの思惑が崩れたときに、現実のほうを捻じ曲げていく。それがいろいろなトラブルを生んでいます。

樋口　自分のほうが勝っちゃうんですね。

是枝　だから僕は、自分のことを映像作家と呼ぶ人はあまり信用しないようにしています。

樋口　怖い言葉ですね、たしかに。

是枝　詩人の谷川俊太郎さんに会ったときに、「詩は私のなかにあるのではなくて、詩は世界の側にあるんだ」ということをおっしゃっていた。だけど、クリエイティブな作家をめざす人の多くは、詩は自分のなかにあると思っているんだよね。

樋口　そうですね。

是枝　カメラでは私のなかにある詩は撮れない。とくに僕はドキュメンタリーからスタートしたから、自分の外側にある世界にどんな詩があって、どんな気づきがあって、人間の営みとしての多様性がどれほど自分の頭のなか以上にあるのかに無理やり出合わせられた。そのこじ開けられた感じがよかったんだと思います。そういう経験を、仕事を通してやっていけば、いろいろな分野で、みんななんらかの成長をしていくんじゃないかと思う。

樋口　是枝さんは、映画の外側を見ようとしている感じがします。

是枝　そうせざるを得なかったというのはありますね。映画だけをやってきた人間がもっているスタイルや文体が自分にはないというコンプレックスもあります。

　世界には、映画表現をネイティブな言語としてしゃべっている作り手たちが結構いて、それは母国語として英語をしゃべっている感じです。僕は雑種なのでいい発音でしゃべれなくて、最初はそれがコンプレックスだったけど、しょうがないものね。だから今は雑種のほうが病気に強いと開き直っている。

　自分のコンプレックスや弱点も含めて文体にしていく。開き直りと言えば開き直りだけど、それを方法とするしかない。

　さらに言うと、初めて取材に行った日に、取材相手と酒を飲んでその人の家に泊まってお風呂まで入っちゃうような、他人との垣根が低いディレクターが結構います。それはある種の才能なんだけど、僕にはまったくできない。どんなに仲良くなってもお風呂に入らないタイプ。取材に行ってもあまりしゃべらないし。

　それが、あるとき取材に行って黙っていると、相手が勝手にしゃべってくれることに気がついたんです。それから、無理してスタイルをもつとか、笑顔でいなくちゃいけないとか、しゃべらなければいけないとか、盛り上げなくちゃいけないとか、テンション上げなくちゃいけないとか思うのをやめた。

　そういう意味で、スタイルは自然と決まるものだと思っています。自分がどういう人間なのか、悪いところも含めて気づいて、それを克服するやり方もあるけど、僕はそれをある種の個性として、あまりテンションが高くない監督でいる。監督っていうと、「よーい！」とか「ばかやろー！」とか、大声をあげるイメージがありますが、僕は怒鳴れない。怒れないのは愛情がないからだとよく言われたけど、でも怒鳴られて、やる気になる人いるかなあ？

樋口　そうですよね。

是枝　僕は違ったから、なるべくそうではない現場にしようと思った。二本目に撮った『ワンダフルライフ』（98年。世界30ケ国で公開）という映画で、現場に一般のおじいさんおばあさんを呼んだんです。

　現場では、喧嘩しているわけじゃなくても、照明部の人が怒鳴ったりしているんですけど、そうすると一般の人は萎縮するんです。「何が始まるんだろう？」「私も怒られるんじゃないか」と思う。

　だから怒鳴るのはナシということにしたら、「是枝さんは怒鳴るのは嫌いらしい」という噂が広まって、『歩いても歩いても』（08年。ブルーリボン賞監督賞）を撮ったときには、照明部がワイヤレスのトランシーバーで指示を出すようになって、怒鳴らないようになった。気をつかわせて申し訳ないなとは思ったけど、僕はなるべく人が居心地よくて、気持ちよくアイデアを出せて、幸せな顔をして帰る現場をめざしています。それは決して僕が穏やかでいい人だからではなくて、怒鳴られたらアイデアは出さないという、自分の性格に基づいています。

仕事を進めるときのアクセルとブレーキ

樋口　以前、飛ぶ鳥を落とす勢いで急成長している会社の仕事を同時にいくつか担当したことがあるんです。ワンマン社長の恐怖政治で成り立っているような数社だったんですが、社長が怒ることでものごとが進むような状態をいくつも見ました。そのときに、日本の会社は恐怖政治をしないと成長しないのかなってすごく怖かった。ところが、数年見ていると、そういうところでは工夫を働かせたりすることがだんだんなくなっていくんですね。やっぱりそのレベルでやっていると頭打ちになる。

企業を見ていても、たくさんの人が幸せに行動できる仕組みがあるかどうかが結果に反映しますね。恐怖政治のかけ違いが起きると、うまくいっている数年間があったとしても、その先はないように感じます。

是枝　恐怖政治を敷いている作家がほんとうに才能豊かで、その才能がずっと枯渇しないという前提があれば、そのやり方は続くかもしれないけど、そんなことはない。全然ない。

樋口　僕が見たなかでは、ファッション業界の一部のほんとうのハイブランドだけは、異常に恐い一人の天才の作家性だけで一〇年間ブランドが成り立つというのは見たことがありますが、それ以外はなかなか難しいだろうなと感じます。

是枝　そうだよね。映画では、監督が恐怖政治を敷いて、監督が右と言ったらみんな右を向くという状況が多い。テレビは関わる人の数が比較的少なくて業界が新しいせいもあるかもしれないけど、意外と横並びなんですよ。カメラマンが平気で演出に口を出したりしている。逆もあるし。

でも、映画の現場ではカメラマンはカメラのことだけ、照明は照明のことだけ、演出は演出のことだけをやる。ある種のプロフェッショナルなんだけど、その縦割りがすごく居心地が悪いこともありました。

僕はテレビのカメラマンと一緒に映画を始めたから、よくも悪くもアマチュアリズムで、全部の部署に全員が口を出すような状況でやっていたんです。「僕の言うことをただ聞くのではなくて、このほうが面白いんじゃないかと言え」と言って助監督を配置した。それはうまくいきました。西川美和はそれで初めて助監督やって、僕は散々いろんなことを言われた。

「最近の一〇代の女の子はそんなセリフ吐きませんよ」と言われて、「あ、そう？じゃあ、どんな？」と言って書き直したり。でも、ほかの現場で同じことやったら怒られたって言っていました。「お前にそんなこと求めてない」って。「ほかは別だって教えてくださいよ」と西川に言われました。（笑）

僕は、「現場を先へ進めてくれる助監督チーム」と「僕に意見をしてくれる監督助手チーム」の二班に分けているんです。アクセルとブレーキって呼んでいるんだけど。

樋口　二つに分けるっていいですね。一人の中でアクセルとブレーキの両方は難しいですよね。

是枝　とくに現場に入ると難しい。現場が始まる前はなんとかなるんだけどね。

どれだけ多くの人の生き方に触れるか

樋口　僕は今、企画全体のディレクションをやっているんですが、もともとはマーケティング局にいたんです。マーケティング局は、企業がどういう事業をやるのか、どんな商品をつくるのか、その商品をどう売るのかを考えるセクションです。

中国に行って販路を考え展示会を行って、ということもやりましたし、地域活性の施策もビジョンの設計から個々の企画までかなり幅広くやったので、それが今でもベースになっている。それで、表現を切り離して考えてそこが面白ければなんとかなるという発想にはどうしても立てない。

一つの商品をつくって売れるまでにはいろいろな人が関わっているから、全体の人が誇りを持てるとか、前向きになることがよほど大事で、そこに対するリスペクトをもとに、それが最大限世の中に伝わっていくようにという観点で表現を組み立てていく。そういうつくっている人たちのあり方が、それを使う側の人たちの気持ちときちんとつながることをむしろ大事にしたい。僕はそういう関わっているすべての人たちがいい方向へいく仕組みづくりをできるといいなと思っているんです。
それは僕の出自がマーケティングにあるからなんだろうと思います。

是枝　広告を、社会のなかでもう少し広い文化としてとらえてくということですね？

樋口　そうなったほうがより意味があるだろうと思ってますね。

是枝　それ大事だよね。

樋口　商品のことだけ語られても、普通の人にはピンとこないのではないか。自分に関係があると思ってもらうには、社会や世の中にとってどういうことなのか、ということにしないといけないように思うんです。そのなかでいろんな人たちが、「あ、こんな考え方あるよね」と気づいて、力を発揮できるような状況になれば、それは意味のあることになるだろうなと。

生活者不在で、企業の言いたいことだけを言って終わるようだと、広告の存在意義はないのではないかという気がします。誰かが何か言葉を発する以上は存在意義があるべきだし、だとすると誰かの一方的な思いだけでやっちゃいかんだろうなという思いがすごく強いんです。

是枝　わかります。

樋口　さっきおっしゃったように、いろいろな人の意見を聞かないとそういうものは生まれてこないし、「このコピーがいい！」とか「このグラフィックがいい！」ということではなくて、最終的にそこにいる人たちとどれだけ会話をして、どれだけその生き方に触れ、そこにある哲学に触れることができるかに帰結するような気がします。

是枝　日本の場合、企業のトップにそういう意識の人多くないでしょ？

樋口　多くないですね。僕は今、半分くらいが海外の仕事なんですが、海外のトップのほうが意識が高いですね。

是枝　そうですよね。どうしてだと思いますか？

樋口　先日、経済誌で「経営者の発信力のランキング」をつくってもらったんです。社長の言葉がもっと魅力的になれば、企業がよくなるような気がしたので、社長が発言する言葉でランキングをつくってみてはどうかと言ってやってもらったんです。そうすれば、「今年は一〇位だったけど来年は八位になりたい」と考えて、発言内容がよくなるかもしれないと思ったんです。

日本企業のトップは、「今後何パーセント成長するんだ」とか、「これだけの売上げをつくっていくんだ」というようなことばかり語って、社会に対してこれから自分たちはどうしていくか、何が貢献できるかをあまり発信していない。

是枝　そうですね。

樋口　本田宗一郎さんや松下幸之助さんも、昔の日本の経営者は今で言うところのスティーブ・ジョブズのような、人と社会を動かす言葉を本当に数多く発していたんですよね。ところが、そういう人がだんだん少なくなった。

一つは、会社が事業部制になって、社長になっても、全体を語るのはおこがましいと思う人が増えたからではないか。あとは、自分は一時期トップを任されているだけで、未来のことや世の中のビジョンを語るのはおこがましいと思っている人たちが多くなったからではないかという気がします。でも、もっと夢を語るべきだし、未来を語るべきだし、人生を語るべきだと思います。

仕事に影響を与えた人との出会い

テレビはジャズで、映画はクラシックだ

樋口　是枝さんは仕事をしていくなかで、どんな方から強い影響を受けましたか？

是枝　さっきも話しましたが、村木良彦はかっこよかったですね。当時まだ五〇歳くらいで、今の僕くらいだと思うんだけど、色っぽくてね。つねにもの静かなんだけど書く文章は非常に熱い。思考的には村木さんの影響を強く受けたかな。僕もまだ二〇代だったから強い影響を受けました。村木さんとの出会いは、映画をやりたいと思っていたのに、テレビも面白いかもしれないと思うきっかけになったし。

その村木良彦さんと萩元晴彦さんと今野勉さんが出した『お前はただの現在にすぎない』というテレビ論の名著があって、数年前に朝日文庫で復刻されましたが、それを大学時代に読みました。

難しくてよくわからないことがたくさん書いてあるんだけど、テレビってなんだろうということがいくつか箇条書きにしてあって、そこに「テレビはジャズで、映画はクラシックだ」という有名な言葉があります。

演奏は指揮者の統率のもとに行われるわけだけど、テレビはその瞬間その場所を共有した演者と観客の間にだけ成立して消える。それがテレビの本質だと書いてある。録画して見るようになってから変わったけど。

要するに、いかにテレビが映画よりも自由かという話。それまでは映画の下にテレビがあった。僕にもそんな価値観があった。しかし、彼らは映画を真似てテレビをつくろうとはしてなかった。六〇年代は、映画にいきたかったのにやむなくテレビに来た連中が結構多くて、彼らも最初はそうだったのかもしれないけども、そのなかで自分たちが向き合ったテレビというものの本質を見極めようと、いろんな試みをしていったんですね。それに触れたことは大きかった。

だから影響を受けた人を答えるのは難しいんだけども、村木を通してその三人を知ったことが、その後の僕の「雑種感」を高めた。ほんとうは映画人としてもう少し幸せに生きられたかもしれないけど、そうじゃなくしたのも彼らだなぁ。

最近、テレビマンユニオンを辞めるにあたって、ある雑誌に「萩元晴彦論」を書いたんです。そのときに改めていろいろな資料を読み直したり見直したりしました。萩元さんはいつも私的なことをポッとしゃべる人で、作り手としては晩年あまりちゃんとしたものを残してないんだけど、すごく印象的な発言をする人でね。研修のときに言われたことをよく覚えています。

萩元さんは、サントリー会長の佐治さんがサントリーホールをつくったときに、オープニングのプロデュースを務めているんです。佐治さんのところに「オープニングにはこういう企画をやりたい」と話にいったときに、萩元さんはこう語っているんです。「私を雇っているのはサントリーではない。私を雇っているのは音楽の神だ」と。つまり、この仕事において一番偉いのは佐治さんではなくて音楽の神であり、演奏家だと。音楽に関わるというのはそういうことだと話したんだそうです。

まぁ自慢話なんだけど、自慢話として見事な話になっている。萩元さんはそのことをずっと言い続けていた。「だから、儲かればいいわけではない」と。「企業や制作会社が、放送や音楽に関わるということは、お金をもらってクライアントが満足するものをつくって終わりではない。もう少し大きなものを意識していないと、いいものがつくれない」とずっと言い続けてきた。
今、そういう意識が、制作する側にも企業の側にもなくなってきているのは間違いない。それを読み直して、「あ、大事なことを言われていたんだな、俺は」と思った。そういう言葉の一つひとつが残っています。直接、一緒に仕事をしたことはないんですけど、言われたことは残っていますね。「神」って言葉をずいぶん使っていてね、当時は「なんか胡散臭いな、このおやじ」と思っていたんだけど。

仕事で出会った人に影響を受ける

是枝　電通には、徒弟制度のようなものはあるんですか？

樋口　制度はありませんが、いわゆる弟子と組んでずっとその人とやるという人は、過去にはいましたね。でも、今は少なくなっていて、僕もそういう教え方はされなかった。だから、教えてくれた人というよりは、社内外問わず一緒に仕事をした人に影響されるほうが多かったですね。今は多くがそういう外の人からの影響で育つ状況が多いと思いますし、僕自身も今まで会ってきた企業トップや海外の政治家とか、まぁ普通じゃない人に影響を受けたっていう感じはしますね。

たとえば発展途上国の政治家の人たちって異常なほど人格者なんですよ。どういうビジョンで国をつくっていくかだけを考えながら、純粋に国のためを思って生きている。とくに発展途上国は指導者のさじ加減ですべてが変わるところがあるから、指導者は、国民に対してその生き方を示すことになります。どこかの誰かだけが得をする仕組みをつくったり、誰かの目先の利益だけを考えながらものをつくったりするのとは違う。仕事をしていくなかでそういう人々に出会う機会があって、いろんな仕事観に触れることがあります。そういうところから影響を受けている感じがします。

是枝　すごいね。そういうのは、みんな経験するべきだと思うけど、難しい。

樋口　そうですね。でも最近の若い経営者のなかには、そういう思いをもった人も増えてきたように思います。そうしないと社員もついてこないということがだんだんわかってきたのだと思います。そういう思いに触れるのは大事なことですよね。

さっきのテレビの話に戻すと、以前に受像機としてのテレビのCMを海外で企画したときに感じたことがあります。それは、どんな文化圏にもエルヴィス・プレスリーの物真似をする人がいるという企画で、実際にそういう方々に会いました。

すると、毎朝お祈りをしたあとに物真似をする人もいるし、アザラシを撃ったあとに物真似をする人もいるし、子どもも老人もいる。いかに世界が多様であったとしても、テレビは「同時」をつくる力をもっている。その力はすごいなと思ったんです。

プレスリーの物真似をするために着替え、日常から変わっていくその過程を、全世界で撮っていけばすごく面白い企画になるのではないかと思ってやってみました。

是枝　よくも悪くも、まだまだテレビの果たしている役割は大きいよね。

樋口　大きいですね。テレビは人間を社会化する装置という部分があると思います。人間は生まれたときから社会的な動物というわけではなく、いろいろなものに触れながら社会化するわけで、そのなかで、実はテレビは非常に大きな位置を占めていると思うんです。

是枝　そう思います。テレビが人間を社会化するツールとしてちゃんと存続していけるといいんだけど、どうも今危ういことになっているなと思ってね。

大切なのは「答え」でなく「問題」

「問題の適切な投げかけ」が大事

樋口　僕は休みがあったらアルバイトをしたいんです。飲食店のバイトしたことないんですよ。
是枝　僕もないですよ。やりたい？
樋口　一回やってみたいな。飲食店のバイト。
是枝　ほんとう？
樋口　どういう成り立ちになっているかわからなすぎて。
是枝　僕ほんとうに駄目な人だから、「どうもすいません！」って言いながらものを売るってやったことがない。僕がやったアルバイトは、ビルの管理人と、さっき言った進研ゼミの赤ペン先生。赤ペン先生は途中から問題づくりのほうに回してもらって、意外と楽しかったな。

樋口　問題をつくるのは面白そうですよね。

是枝　面白かった。赤ペン先生をやりながら散々文句を言ったんです。「この問題設定がおかしい」とか「文章の選び方がおかしい」といちゃもんつけていたら、「じゃあ、つくる側に回れ」って言われて一年ちょっとやったんだけど、それはいい経験になったな。

樋口　広告会社がソリューション（問題解決）という言葉を使って、企業の問題を解決すると言い出して数年経っていますが、答えが何かよりも問題が何かのほうが大事なような気がします。むしろ問題が何かということにこそ真実があるような気がする。そこがあまりに見えにくくなってる昨今なので。問題の適切な投げかけさえできれば、たいていのことはうまくいくんじゃないかという感じがするんです。

是枝　そうだと思いますよ。

樋口　きっと是枝さんのつくるものも、もちろん映像のなかに答えとなる部分もあると思いますが、「問題は何であるか」のほうが大事な気がしますね。

是枝　そうです。それを考えるプロセスが、劇映画であればエンターテイメントになっていなくてはいけないんだけど、そこに答えを求められても、という気はするんです。映画の劇場公開の初日に舞台挨拶をすることがあるんだけど、会場から「どうしたら幸せになれるんでしょうか?」なんて聞かれるんです。俺、それに答える責任があるんだろうかってところから考えたりする。

『そして父になる』(13年。第66回カンヌ国際映画祭コンペティション部門審査員賞)で言うと、「血なのか時間なのか」という問題設定はしたんです。主人公がその間で揺れていくことを通して、「家族ってなんだろう」とか、「こいつ、なんでこうなったんだろうな」とか僕なりに考えていった。

だけど、「結局どっちが大事なんですか」「どっちが大事だと主人公は考えたんですか?」「あれはどういう選択をしたんですか?」と答えを求めて納得して帰りたいという人たちが多い。

樋口 それって日本に特有じゃないですか?

是枝 日本に特有ですね。

樋口 それすごくわかるな。

是枝 簡単に答えは出ないし、その人のそれまで生きてきた価値観で選択が変わるでしょ？　だから、僕の価値観は主人公の選択に重ねたけど、それは普遍的な答えではないから、観た人のなかに別に答えがなくてもそれを問題として持ち帰ってもらえればいい。でも、なんか答え合わせがしたいと思うようですね。

樋口　ありますよね。直線的に結びつけようとする感じ。

是枝　作者が言いたいことを一〇〇字で要約するようなことをやらされ続けて、そうなっているのかもしれない。

樋口　簡単な問題があって答えがある、答えの出し方さえわかればなんとかなるというようなとらえ方がちょっと怖い。

是枝　マニュアルがほしいんだね、きっと。

恋愛とストーカーの違い

是枝　話がずれちゃうかもしれないけど、今僕はＢＰＯの委員をやっているでしょ。問題のあった番組の作り手に取材をして、何が間違ったか、どうすればよかったかを意見書としてまとめるんです。

だけど、何が正しくて何が間違っているかって、どこからが恋愛でどこからはストーカーなのかと同じ。関係が変われば、ある状況では愛の表現だけど、ある状況では裁判沙汰というのと同じようなことじゃないですか。

だからマニュアルになりようがない。なのに、作り手側が、「どこまではよくてどこからが駄目なのか、マニュアルを出してくれ」と言うんです。「それ、自分たちで考えろよ」って話じゃない？　それを自分たちで考えることが番組づくりだし、「そんなマニュアルを出されたら従うの？」って言いたい。

樋口　そうですね、本来それを考えること自体が番組の中身に大きく影響する話ですね。

是枝　だから、「そこには踏み込まない」「そこは作り手が考えるものです」と投げ返すわけだけど、すると不満が噴出するんです。結局、今一番何が問題かというと、放送局のコンプライアンス部がマニュアルづくりを始めることなんです。「これをやるのはやめよう」というマニュアルをつくろうとしている。

樋口　ああいうの、文章化しちゃうと怖いですよね。

是枝　怖い。現場は萎えますよ。

なぜ日本人は「答え」をほしがるのか

樋口　日本人は一足飛びに答えを求めてしまいがちだという話でいうと、海外で仕事をしていて気づいたのは、美術館に行ったあとでも、映画に行ったあとでも、音楽を聴きに行ったあとでも、みんなそれを議論のスタートとして使うんです。「俺はこう思う」「私はこう思う」と、その晩三時間も四時間も。

是枝　それがその日のメインだものね。

樋口　四時間くらいかけて議論をしながらご飯を食べる。そこまで含めた体験なんですよね。でも、日本の場合はいったん区切りをつけようとする。結論はなんなのかというところに話がいく。

是枝　映画を観終わったあとに流れていくお店がないんだよね。大人が夜遅くまで語る店がない。そもそも映画の上映自体が最終回一九時からでしょ。ありえないですよね。ヨーロッパでは夜の一二時とかに平気でやっているのに。

樋口　たしかに。

是枝　映画祭では、みんな観てから話したいんです。シカゴでは一時間Q&Aやっても終わらなくて、「次の上映をやるから出てください」って言われて外に出ると、話し足りない人が、「もうちょっと時間ないのか」と言ってきて、「あるよ」と答えたら、「じゃあ隣のカフェに行こう」と言って、カフェでまた一時間話す。それが普通なのね。

樋口　わかります。

是枝　フランスでもそれが当たり前で、そこまで含めて「今日は楽しかった」と言って帰っていく。

樋口　そうですよね。

是枝　映画を観た人同士が、「いや違う！」なんて言ってつかみ合いになるくらい興奮していること自体が楽しい。僕は、そうしたことを楽しむ感じを定着させたくて、劇場公開のときにティーチインQ&Aをやるようにしたんです。だいぶ変わってきたけど、まだ答え合わせをしようとする人がいる。「あそこのシーンはこういう解釈で正しかったんでしょうか？」という質問が出ることがあって、これは長くやっていかなくては駄目だなぁと思ってるんだけど。

樋口　そうでしょうね。その人の人生があったうえでの解釈ですよね。その人の過去も全部そこに投影されるし、その人が今考えたことによって過去の解釈もまた変わるかもしれないし。それはそれほど簡単に答えが出るわけはないですよね。それはお互いの人生観をもとにした議論をすればいいと思うんですよ。

夏篇

仕事人としての成功と失敗

社会人となってしばらくしてそれなりの経験を積み、それなりの実績を出すようになると、人というのは弱いもので、そこに安住したくなる生き物です。そしてクローズドなコミュニティのなかで得意気になったりこのへんのことをやっておけば大抵大丈夫、という意識が生まれたりするもの。仕事人にとっての最大の敵はこの実績という概念であり、そこととの向き合い方がその後を規定するのだと思います。人は満たされると成長しない。常に枯渇感を持ち、外側の世界に能動的に関わり続けられるかどうか。自分のなかに興味の矛先を向けないでいられるかどうか。それはつまり、自分がいかに小さな存在であるかということを意識し続けるということではないかと思います。人間の細胞がいかに短期間に入れ替わっているかということを考えると、きちんとした食生活をすることが重要であるように、自分の持ってなかったよいものをどんどん取り入れ、取り入れることでよいものでできている人間となっていくことの大事さを意識せざるを得ません。それは、何かを生み出すもとになっているものをよい状態にしておくということだと思います。

インプットの作法

仕事の八割は情報収集で決まる

樋口　是枝さんが映画を撮るのは、日常的にさまざまな文献を読んだり、ニュースを見たりするところからスタートするんですか？

是枝　ええ、なにかに出合って動くことが多いですね。創作されたものではなくて、実際の事件に触発されることが多いですね。

樋口　僕らは広告をつくるときには、たいていクライアントさんのやりたいことが先にあるのですが、それをそのままやっても一方的になっていいものにはならないということがあります。ですから、それをどう翻訳し、そこに何を盛り込むと聞く側見る側にとって気づきがあって、意味のあるものになるかを探していきます。むしろ一般的な捉え方と距離があるほうが一般論でないぶん気づきを与えるものになりやすいので、違うタイプの情報を入れるようにしています。人に会って話をすることがヒントになる場合が多いですね。仕事の接点のない人のほうが刺激になります。

是枝　そうなんですよね。同じ業界じゃない人ね。

樋口　仕事関係とはまったく異なる日常の接点が大事なのかなと思います。

是枝　僕がテレビをやってよかったのは、限定的とはいえ、一般の人たちに接する機会があったから。それを経験せずにいきなりフィクションの現場に入って、役者と業界の関係者だけと何十年も仕事をしていたら、つくるものが違ってただろうなという気がします。

樋口　違うでしょうね。

是枝　それはそれで、馴染んでしまうと楽しい日々かもしれませんけど。その外側に普通の生活者がいることに目が届くか届かないかは大きいと思うんです。僕はあまり業界に友人がいないので、役者と朝まで飲み歩くなどということがなくて、昔の友達や高校時代の友人たちと話しているときに着想が生まれることが多いですね。

樋口　僕も違う業種に就いている昔の友人と話すのがすごく好きで。

是枝　大事ですよね。

樋口　「銀行はこうだ」とか「本屋はこうなんだ」とか、そういう会話が大事だなと思っています。まったく違う風景を見ている人の一言から新しい見方ができるようになることがあります。

アイデアの話をすると、「どこからかアイデアが降ってきて、それをもとに業界内部の人とつくっていく」ととらえられているふしがありまして。情報の収集やインプットを丹念に丁寧にやるとか、情報の量を増やすことがないがしろにされているように思うときがあります。一足飛びにものづくりにガッと入っていくといいものができると思い込んでいる人がいますね。実際には世の中の流れや伝わる構造を読むことを含めると、企画の初期段階は八割がた情報収集で決まるんじゃないでしょうか。

以前、是枝さんと引っ越しの話をしたとき、蔵書がたくさんおありだと聞きましたが、それはインプットのための材料ですか？

是枝　本は好きなんですが、いま読めないんです。資料以外の本がなかなか読めない。それで、最近は読めなくても、買うだけでもいいと思うようになっています。

本屋が好きなんです。本屋という空間が。僕は本には本屋が必要だと思っていて、アマゾンで買うのは便利だけど定期的に本屋に行って並んでいる本に触れている時間が非常にクリエイティブです。最近は、その空間を維持するためには自分がここで本を買わなければいけないと思っています。そうしないと、この本屋は潰れてくんだと。

樋口　本屋は守らないと、どんどんなくなっていきますよね。

是枝　うん。だからなるべくチェーン店ではなくて、小さな本屋で買う。そうして支えないと、本屋という空間がなくなると思うから、空間代だと思って本を買います。それくらい本屋は必要だと思っているんです。映画に映画館が必要なくらい、本には本屋がいる。世の中にはそういう空間が必要だと思うんです。

樋口　よくわかります。

是枝　読む時間がなくても、買うだけでも活性化される。だから、読めないけど買い続けています。

樋口　僕も自分では読まないタイプの本を、本屋で眺めるのがすごく好きなんです。それで、ジャケ買いする。読めるかどうかわからない本も、最終的に興味がもてるかわからないけどちょっと気になるという本も買ってみます。本屋に並んでいる本の背表紙を見るだけでもすごく刺激されますね。

是枝　わかります。

樋口　タイトルをバーッと眺めるだけでも、ものすごい情報量ですね。
　いま僕は、だんだん本を読む時間がなくなっていくことを恐怖に思っているんです。移動の時間は携帯をいじる時間に変わりつつある。すると、ネットの文章を多く見るようになる。ネットの文章が全部悪いとは思っていませんが、やはり書籍になった文章、あるいはある時間を越えて生きている文章と比べると、文章のクオリティが高くないものがものすごい数あるわけですね。そういうのを目にする機会がだんだん増えていって相対的にその割合が高くなると、自分の中にある文章のストックが、だんだんよくないものに変わっていく。
是枝　劣化する。
樋口　その劣化した状態に触れていると、出てくるものも劣化したものになるという恐怖感があるんです。それで、たくさん本を買ってたくさん読まなくては、という思いが強くなっています。

顔が見えない情報に振り回されてはいけない

是枝　先日、大学で教えていたときに、「つくるものがネットの批評にどれくらい左右されますか？」と学生に聞かれたので、「ネットの批評には左右されません」と答えた。誰が書いたものだかわからない、顔の見えない批評には右往左往しないと。もちろん褒められればうれしくて、けなされれば腹は立つけど、その程度ですねと。旧世代と言われるかもしれないけど、それらは顔が見えない情報にすぎないので。

樋口　そうですよね。

是枝　書いている人の言葉づかいも変わってきている気がします。

樋口　明らかに荒れていますよね。

是枝　誰とは言わないけど、週刊誌の映画評で一〇〇字の感想を書いて評論家を名乗るなよと思うんです。星をいくつかつけて一〇〇字書いて……いい仕事だな。その一〇〇字のなかで、観た映画について「虫唾が走る」と書いてあったんです。虫唾が走るって言うかな、と。

樋口　すごい表現だなぁ。

是枝　いくら自分にとって価値のないものだったとしても、作品に対して「虫唾が走る」というのは果たして批評の言葉だろうか。

ネットをさまよっている言葉はどんどんエスカレートしていきますね。ネットの星取り表って、自分がつまらないと思った作品にほかの人が5点を入れていると、3点だと思っていてもあえて1点をつけて、より過激に「つまらない」と言い始める。その一方で「最高傑作だ」と書く人がいます。ほんとうはその中間の言葉が的確なのかもしれないけど、どんどん極端になっていく。「虫唾が走る」と書いた人の言葉もそちらへ引っ張られているのではないでしょうか。ちょっと驚きました。

樋口　ネット社会には有象無象があまりにもたくさんあるから、どのポジショニングをとるかが先に立つのだろうと思うんです。「このゾーンはすでにいるから自分は対極に位置しよう」と。そのほうが単純に目立ちますからね。そういう位置取りが先にあって、不必要な言葉づかいをするのかもしれない。

きっとその映画評の人も、数人の批評家のなかでどのポジションを取ろうかという思いがあったのかもしれませんね。必要以上に位置取りを気にするのは、ネットがもたらす弊害のような気がします。

先日、若い社員が書いたものを見ると、言葉づかいがすごく曖昧《あいまい》なんです。一つひとつの言葉の選び方にしても、その言葉の規定する範囲の設定にしても。それで、「本読んでる？」って聞いたんです。「小説読んでないでしょ？」と聞くと、「全然読まないです」って。「映画観てる？」と聞くと、「そんなには観てないです」って。

　言葉づかいが曖昧になると、つくるものの価値が曖昧になります。自分の使っている言葉が曖昧であることに気づけないのは、ほんとうに怖いと思います。文学や言葉にきちんと向き合わずに、ダーッと情報が羅列されているものをパパッと見て、「はい次」「はい次」というようなことをしていると、そうなってしまう。それは怖いですね。

先を考える前に飛び込んでみる

是枝　インプットの話で思い出しましたが、先日ADC賞のグランプリを受賞したアートディレクターの葛西薫さんと対談をさせてもらったんです。二時間ぐらい話したあと、美大の学生さんから質問がありました。「私はこれまで、今日のように好きな人たちの話を聞いたり、その作品を見たりすることで、自分も面白いものをつくりたいと思っていたのですが、そういう話を友人にすると、『そんなことをしたらその人たちに似るだけだから、批判する対象として観たほうがいいんじゃないか』と言われました。どう思われますか?」と。

僕は、そこで悩むかなぁと思ったんです。それでも、「いいんじゃないの、別に似ても」と言ったんです。「今、僕たちがこうやってしゃべっているのも、人の話を聞いてインプットしたからしゃべれているわけで、映像も、いいものを観なければ自分の中でいい映像の文体は組み立てられないんじゃないの?」と話しました。

なんでそんなにインプットを恐れるんだろう。影響を受けることで失われてしまうような「わたくし」なんて、そもそも最初から大した「わたくし」じゃないんだから。

樋口　結局、なんの影響力ももたないものを生み出す人になってしまいそうですね。おっしゃった通り、僕たちは外側からもらったものでできているわけですね。いろいろな人の言葉や、いろいろな見たものでしかできてないわけだから、どんどんいいものに触れる以外に方法はないんじゃないかと思うんですね。

是枝　僕はインターネットを使いこなせないから、ネットに触れている時間はすごく少ないけど、それでも本を読む時間が短くなっている。ネット情報に触れていたりメールの返信をしていたり、そういうことに電車に乗っている時間が割かれているのはほんとにもったいないと思う。

樋口　移動時間の使い方ですね。僕は最近、会社からすごく遠くに住んだほうがいいんじゃないかと思っているんです。ちょっとした移動時間がいろいろなものに奪われていくのなら、遠くに住んで電車の中でちゃんと本を読んだほうがいいかなって。そうしないと、駄文で体ができてしまうというか、駄情報で自分ができてしまうような気がする。

是枝　映像の学校で、彼らは、「無駄をしたくないので、観なければいけない映画を教えてください」なんて言うんです。

樋口　怖いですね。

是枝　「なんでも観れば」って言うんだけど。

樋口　まず、星が多くついた評判のいいものを観に行こうということなんでしょうか。

是枝　そう。より星が多くより客が入っているものを観るという傾向になりましたね。

樋口　ごはんを食べるにしても、星が何個以上の店に行くとか。

是枝　映画も今、みんなが観ているから観るという傾向になっているんですよね。いつから変わったんだろうなぁ。

才能を開花させるもの

「勇敢さ」を基準に仕事をする

樋口　僕は、才能を開花させるものは情報収集の量と、それに基づく思考の量、あとは実際の現場経験の量ではないかと思っているんです。だから、ありとあらゆるものを見たほうがいいし、若いうちはありとあらゆる仕事をやったほうがいいと思う。すべて一回経験して、それで初めて見えてくるものがある。そこからがスタートじゃないかな。才能なんてないじゃないですか？

是枝　うん。才能ってなんだろう。僕たちの仕事の能力は、すごく速く走れるとか、すごく歌がうまいとか、絵が上手とか、そういうはっきりとわかる能力と違うじゃないですか。

樋口　そうですね。

是枝　仮に能力や才能と呼ぶとしても、それを伸ばしていくためのプロセスや方法など明確なものがない。速く走るためにはこの筋肉を鍛えるとかあるけど、そういう明快なものがないから、妙な精神論が蔓延《まんえん》しているような気がする。

樋口　仕事の才能の定義は難しいですよね。

是枝　難しい。いまだにわからない。だから、僕はこれまで審査員というのを引き受けてこなくて、さすがにこれは逃げているだけだなと思い始めて、やらなくちゃいけないかなと思うんだけど……。わかんないんですよね。

樋口　僕はカンヌ国際広告祭で審査員をやったとき、審査員長がコロンビアの人で、同じホテルに泊まっていたので一緒に朝飯を食べる機会がありました。そのとき、「コロンビアにすごく好きな建築がある」という話をしたんです。メディジンという麻薬汚染地区にできたベレン図書館のことです。メディジンは識字率が低くて、ほかに生きる手立てがないから麻薬に手を染めるというような町なのですが、そこに巨大でモダンな図書館ができた。それによって、人々が「本を読むのは面白い」と思うようになり、その町が安定していったんです。

その話をすると、彼が「なぜ知っているの？　あれ僕がやったんだよ」と言うんですよ。政府は何もやってくれないから、寄付を募って建物をつくって、本を収蔵する仕組みをつくったのだと。「人が亡くなったときに、遺産を分配する仕組みはどの国にもあるけど、その人の持っていた本をどうするのかという仕組みはどこにもなくて大抵捨てられる。それで、亡くなった人の本を収蔵する仕組みをつくったんだよ」という話でした。彼は広告人としても素晴らしいのですが、やろうとしていることが非常にレベルの高い問題解決法だなと、感動しました。

そういう素晴らしい人が審査員長だったのですが、彼が言った審査基準は、「ブレイブ（勇敢）であるかどうか」。つまり、こんなことを言うと駄目なんじゃないかとか、こんなことをすると問題が起きるんじゃないかと思えることを、あえて言い切る、やり切るという意味なんです。

「勇敢さと臆病さは同居していて、勇敢にものを伝えるときには、自分がほんとうにこれを言っていいんだろうかというドキドキした臆病さと葛藤しなくてはいけない。葛藤しないでいきなり出て行こうとするのはただ無謀でしかない。無謀と勇敢は違っていて、いろいろ怖がって、自分の中で試行錯誤しながらそれでもやることに意味がある。外に出て行く姿勢が自分の勇敢さであって、それが審査基準ではないか」

彼のその話に僕はすごく納得したんです。
審査員はそれぞれ実績があって個性的ですが、彼の言葉でみんな納得して一つの方向を向くことができたんです。そのとき、「とてもいい言葉だなぁ」と思いました。勇敢であるかどうかはアティテュード（心構え）の問題だから、才能とはちょっと違うのかもしれないけど、でも、結構そのあたりに答えはあるのではないかという感じがします。
意義あるちゃんとしたことをやろうと思うと、軋轢を生みますよね。これまでの業界の慣習と違うとか。

是枝　前例がないって言われますね。

樋口　そう。やるべきことのプライオリティの前には、それは大したことではないと思えるかどうか。大事なものの優先順位をきちんとつけられる能力が才能なのかもしれません。ここは守らなきゃいけないとか、これは絶対やらなきゃいけないんだと。

是枝　勇敢であることの大切さを伝えていくのは、すごく難しいですね。

樋口　勇敢であるためには、その根っこに「真っ当に考えること」が必要だと思うんです。真っ当に考えて出した答えを、きちんと前に出していく。

是枝　今いいヒントになったんだけど、僕は映像の学校で教えるべきことはなんなのかをいつも悩んでいて、ひと言で「勇敢であることが大事だ」と言うのはとても素晴らしいとは思うけど、一歩間違うと精神論を語ってしまうことになりそうで。

樋口　わかります。

是枝　学校ではスキルをきちんと伝えなくてはいけないんじゃないかと思いながら教えているんだけど、観念的な精神論を語ってしまうことがあるんです。さっきの話の、スキルで語りにくい仕事だからよけいそこが難しい。作品の評価も、その基準の提示ができないと結局好き嫌いを言い合うことになる。それが、今まで自分のなかではしっくりこなかったんですが、「勇敢さを基準にする」というのは素晴らしいですね。

樋口　ある程度の経験値がないと勇敢さはわからないですよね。

是枝　わからないですね。

樋口　その経験を積むときに必要なものは、観察ではないかと思うんです。「これ思いついたんですけど、どうでしょう」みたいな感じではなくて、きちんとした観察眼に基づいてさまざまな発見をしていく。

先日、あるデパートのファッション関連フロアで、一つの売場がそこだけよく売れているという話があって、生徒三人に「なぜ売れているか、観察してくる」というお題を出したんです。二人は「清潔感があって」「デザインがよくて」とか普通のことを言ったんですが、一人だけ「置いている物が少ない」と全然違うことを言った。「売場に物が少ないと、『これのSサイズないですか？』とか『Mサイズないですか？』などと店員に聞かざるを得ません。そのとき、店員が一緒に探してくれる。あの売場がよく売れているのは、商品が取り揃えられていることではなくて、一緒に問題を乗り越えてくれる人がいるからじゃないですか」と。その視点はなかなかいいなと思ったんです。

きちんとした観察と発見がある。表層的にデザインや雰囲気を語るのではなくて、心の動きに対して敏感なんです。そういう微妙なところに気を配って敏感に察知できる能力がとても大事なんじゃないでしょうか。その彼はちょっといいなって思ったんです。

是枝　それは授業ですか？

樋口　授業です。社内研修のようなものを授業でやらせたんです。「なぜ、この町はコンビニにたむろする若者が多いのか」とか、「なぜ、この町は子どもが元気に歩いているのか」とか、そういうことを発見させて考えさせるのは訓練になるのかなとちょっと思いました。

「創造」の声のもとに組織はできる

是枝　僕はテレビマンユニオンに二七年間いたんですが、この四月にひとまず籍を抜きました。新しい事務所をつくって株式会社にして、僕がトップになって西川美和が取締役で入った。監督三、四人とスタッフ全部で七、八人の組織をつくったんです。そして、「受注しない」という妙なルールをつくった。自分たちで企画を立てて売る。映画の業界って、企画に全然お金を払ってくれないんですよ。

樋口　そうなんですか。

是枝　いまは、監督が自分で企画を立てて持ち込むこと自体が減ってきているんです。企画書書いても、それに対してお金が払われないから。その企画が動き始めて脚本ができたら監督と脚本の費用は出ますが、企画書は脚本費のなかに含まれてしまうんです。僕は「それってどうなの？」と思ったんです。そういうことをしていると、オリジナリティのある企画は生まれてこない。「企画書がスタートなのに、おかしいよね」という話はずっとしていたんです。だから、企画書にお金を払ってもらって、事務所を回していくことにしたんです。

樋口　新しいですね。

是枝　だから、基本的にはお給料はなくて、生まれた作品に関わったらギャランティーを払うか、書いた企画書がお金に変わるか、どっちかしかない。「君らにお金を払うのはこの会社じゃなくて作品だ」ということです。それを徹底しようと思って会社を始めたわけですが、どうなるかな。

僕の恩人のテレビマンユニオン二代目社長の村木良彦が「創造は組織する」と言っています。「組織がものをつくるのではなくて、創造という行為が中心にあって、そこに人が集まって組織が生まれる」と。彼は「中心にあるのは組織じゃないんだ」と繰り返し言っていました。

ただどうしても、会社が大きくなると、払わなきゃいけない給料とか事務所の家賃が増えていくこともあいまって「会社」になっていった。たかだか二〇〇人の組織なんだけど。

僕はテレビマンユニオンがどんどん普通の制作会社になっていくプロセスを二五年見てしまった。こんな言い方すると怒られるかもしれないけど、なんとかテレビマンユニオンの初期の精神を移植して、小規模な組織からやり直そうと思ったんです。

大切なのは、成長し続けること

樋口　是枝さんにとって成功とは何でしょう。成功というのも才能と同じく難しいテーマですが。

是枝　何をもって成功と言うのか、ですね。

樋口　是枝さんが業界に対して「こうすべきではないか」と、意見をきちんと言える立場になったことは一つの成功なのかなと思ったんですけどね。居酒屋で愚痴を言っている状況ではしょうがなくて、やはり真ん中に入ってある程度結果を出さなくてはいけない。結果を出した者だけがものが言えるということは、どの世界でもあるのではないでしょうか。一回は真ん中に行かざるを得ない。

是枝　そうなんだよね。

樋口　そうなって初めて多少なりともより意味のある方向に舵が切れる。それが一つの成功かなと思いますが、難しいですね。成功していると思った時点でその人は終わるような気がするし。

是枝　うん、そこで終わる気がする。それ以上は成長しなくなる。

樋口　だから、成功を安易に考えないことしか道はないんじゃないかという気はします。

是枝　僕は、「最高傑作」「集大成」などという形で自分の作品を提示した時点で成長は止まるなと思っている。

樋口　そうですよね。

是枝　大きなチャレンジをしなくちゃいけないタイミングはあるのかもしれないけれど、それをやったときの作品が代表作になるかというと、必ずしもならない。代表作を撮る前の習作と呼ばれるもののなかに面白いものがあることのほうが現実だから。棺桶に入れるべき作品はこれだというものに向かい始めるのは、作家が晩年を迎えている時期で、客観的に見ると、じつはもう力が衰えていたりする。

賞をとるために仕事をする人

樋口　以前に僕は、ある歴史もののドラマのクリエイティブ・ディレクションをやったことがあるんですが、主人公はいわゆる偉人ではなかったんです。主人公のまわりの人たちはのちに偉人になっていきますが、その人は偉人ではないので、きちんとした資料が残っていない。だけど、いろいろ辿っていくと、初めて何をつくった人だったとか、いろいろなことが見えてきました。

そのとき思ったのが、名を成したかどうかは結果論でしかない。しかも随分あとの結果論でしかないんじゃないかということでした。たまたま明治維新が起きて、そのあと日本が現在のようになったから、その観点で、この人は偉大なことをやった人物だと見られる。それは一つの見方にしかすぎなくて、歴史がちょっとでも変わっていたらその人は偉人でもなんでもなかったかもしれない。一つの見方においての結果にすぎない。最高傑作や代表作というのも僕はそれに近いような気がしています。死んで随分経ってから、ある見方において「これはよかったね」くらいのとらえられ方で十分なんじゃないかという気がするんです。それを代表作とか賞がどうだとかいうところで規定しすぎると、その人は成長が止まる感じがします。

是枝　そうですね。

樋口　広告業界はカンヌ国際広告祭の「カンヌ」という言葉のもつ甘い響きに影響を受けがちでして。賞をとるために仕事をする人も生まれてしまっているんですが、賞をとる目的で仕事をする人が賞をとることは、まあないですよね。そういう仕事には誰も共感しない。それでも、よこしまな気持ちにおかされていく人がどうしてもいくばくか出てしまう。

是枝　映画も一緒ですよ。日本の映画界は、僕がデビューしたあとも随分変わった。お客さんが監督で作品を観なくなった。監督で企画が動くことが少なくて、多くのお客さんが観るものは監督主導でつくられている作品ではないんです。原作の漫画があって、キャストが決まって、脚本家が決まって、それから、監督は誰にする？　この時期に空いている人は？　という流れのものが大量生産されている。そこと、たとえば「カンヌ国際映画祭」に出る映画と、完全に二極化しているんです。

ヨーロッパはまだ「監督主義」で、作品は監督のものだという意識がはっきりしていています。僕も最初にヴェネツィア国際映画祭に行ったときはデビュー作だったから全然わからなかったけど、カンヌに行き始めるとすごくチヤホヤされるんです。そこで、自分はチヤホヤされる存在なんだと勘違いすると失敗する。「このチヤホヤ感は、僕自身ではなく映画監督という職業に対するリスペクトなのだ」と思えると、自分がその映画という素晴らしい文化の一部になって、その歴史に貢献できるのではないかと、自分の職業をもう少し広い視野で位置づけられるようになる。むしろ謙虚になるんですね。それはすごく貴重な体験でした。

樋口　なるほど。

是枝　そうとらえるのであれば、海外の映画祭に出ることは意味がある。だから僕は海外の映画祭に出ることを勧めるんですけど、一歩間違うと、ただ気持ちよくなって帰ってくるんです。

樋口　広告も賞で見誤る人をつくってしまっている一方で、その審査をやっていると、僕はむしろ逆のことを感じるんです。この責任をどう果たしていくか、真剣に考えてやるしかないんだと感じる。「広告なんて元々なくてもいいようなもの」のところから、「あって意味があること」にするにはどうすればいいか、その戦いをずっとやっています。結局のところ、その勝負をずっと続けていくしかない。いまは、ちょっと目立って面白かったものを評価するという仕組みではなくなっているし、より意味のあるものを評価するように変わってきています。

すると、さっきおっしゃったような自分の職業を、たとえば歴史的背景も含めてとらえ直してみるとか、現代的な位置づけがどこにあるのかというところから、あるいはここから数年をどうつくっていくのかというなかで考え直してみるところにいかざるを得ない。それはすごく責任を背負うことになるわけで、そこで、「頑張らなくては」という思いになって帰ってくるのはとてもいいかなと思っているんです。

是枝　いいですね。

樋口　おっしゃったように、成長し続けることの意味のほうが大きいわけですよね。だから、ある一時点での評価だけで満足するわけにはいかないし、自分の成長だけでなく、業界自体の成長や、後進の成長も含めて、見ていくべきなんだということを考えさせられます。

仕事の経験値を上げる

自分のなかを探しても何もない

樋口　僕は、自分はこの職業に就いてなかったら、ろくでもない人間になっていただろうなと思っているんです。

是枝　僕もそう思います。ほんとにどうしようもなかったと思います。

樋口　たまたまこの職業に就いて、仕事が面白いと思えるうちにいろいろなことを学ぶことができたから、家庭ももてたし、後ろ指を指されずにすむ人生を送っていますが、この職業でなければ続いていなかっただろうし、完全にろくでもない人生になっていただろうと思います。

是枝　僕もそうです。この仕事は、確実に人として自分を成長させている。もちろん、ディレクターや監督という職業の能力を、作品をつくるごとに高めていける面白さもあったけど、やはり、まったくコミュニケーション能力の低かった自分が、この職業で否応なくいろいろな人と話さなくてはいけなくなって、「あ、俺だいぶ大人になったな」と思っている。職業で人は成長するって素晴らしいですよね。

樋口　逆に、人として成長することが仕事に返ってくることもありますよね。結婚しないと見えてこないものもあるし、子どもができないと見えてこないものもあるし。その人の人間的な成熟の度合いによってアウトプットも変わってくる。人生の経験値を上げることと、仕事の経験値を上げることってかなり近しいですよね。

是枝　そうですね。昨日もね、学生から「クリエイティブな仕事に就かれていて……」「クリエイティブな仕事が……」というような質問が随分出た。それで、クリエイティブな仕事ってなんだろうなって思ったんです。

春にも話しましたが、僕がテレビマンユニオンで研修を受けたときに、萩元晴彦がこう言いました。「君たちがこれからやる仕事は、とにかくつまらないと思うような些末な仕事だと思うけれど、世の中にはクリエイティブな仕事とクリエイティブでない仕事があるわけではない。どんな職業であれ、その職業にクリエイティブに向き合う人間と、クリエイティブに向き合わない人間がいるだけだ。そこを間違ってはいけない。君たちはクリエイティブな仕事に就いたと夢が膨らんでいるかもしれないけど、そんなことはないんだ」。仕事というのはそういうことじゃないという話です。そして最後に「君たちのまわりにいる連中の97％はクリエイティブではないと思う」と言われた。それをいまだに覚えています。

入りたい会社に入れなくて留年する学生がたくさんいるのは、わからなくはない。僕も留年しているし、その一年は決して無駄ではなかったと思いますが、最初から、自分の能力を発揮できる会社や職業なんてわからないですよね。やってみて初めて、「あ、向いていたな」「向いてなかったな」とかわかるわけで、やってみなきゃわかんないよなって思うんです。

樋口　逆にクリエイティブな職業のように見られていても、受注したものをそのままやっているだけみたいなのが、実はほとんどだったり。

是枝　そうなんです。

樋口　おっしゃるように、仕事をクリエイティブにとらえて、面白いほうや、意味のあるほうにするのは、その人でしかないですからね。クリエイティブな職業というのは存在しないんだと思います。

是枝　サンアドの葛西さんもそう言っていました。「ほぼすべての仕事は苦痛だ」って。「苦痛から始まる」って。「それを、手を動かしながら、どうしたら面白くなるだろうかと一生懸命考えているだけだ」と。

樋口　そう思う。仕事をやっていきながら、どう面白くするかだけの違いのような気がします。

是枝　僕は、「自分探し」をしているのはまだいいと思う。今みんな合理主義になっているから。大学が就職予備校になっているからね。

樋口　自分探しをするのであれば、自分と対話するのではなくて、他人と対話しながらやれば、という感じですよね。

是枝　うん、そう。

樋口　人間は関係性のなかで生きているわけで、自分探しって一人のなかに入っていくような感じがあるけど、そこには何もない。他者との関係性をいろいろ探りながら、そのなかで見えてくるものがあるのなら、それはやっていけばいいんじゃないかなって感じはします。

是枝　うん。

樋口　自分探しが、きちんとした行動に結びついているのならいいんだけど、ずっと逡巡している状況だと結局何もない、何も得られない。自分を探す前にいろいろなものを得なくてはいけないと思うんです。自分を形づくるさまざまな見識とか経験とかいろいろなものを。そういう見識や経験があれば、あとはどんな仕事に就いてもクリエイティブに生きることは可能ではないかという気がします。

仕事の一番の魅力は違った価値観に出合うこと

是枝　これも学校での話ですが、カメラマンとドキュメンタリー映画について対談したあとの質疑応答の時間に、「つくった番組や作品によって、具体的に世の中が変わったとか、よくなったとか、法律が変わったとか、そういう経験はありますか？」と聞かれたんです。

樋口　へえ。

是枝　要するに、作品が社会の役に立ったのか立たなかったのかを聞かれているんだけど、「それは、法律を変えることを目的に作品をつくることもあるかもしれないけど、それはあくまでも結果であって、世の中を変えたいという前にその取材対象と出合って、私が変わったということが先にないと、結果的には世の中変わらないと思うよ」と話したんです。

「だから、何かを変えたいというのは、すでに作り手の中に答えがあるということだから、そんな作品は僕はつくらないと思うけどな」って。「撮ることによって答えが見つかったり、逆に撮ることによって何かがわからなくなったり、そういう自己の揺らぎや自己変革みたいなものが、作品にとって大事なんだ。結果じゃないと思うんだけど」という話をしたんです。

樋口　それを最初から目的にしてつくられたものはちょっと見たくないですね。

是枝　先日、三谷幸喜さんと対談したら「今回のお芝居は何も残りませんから！」と言うんです。「あとに何も残らないんです。ただ、二時間観終わったあとに、あー、二時間無駄だったというものにはなっていない」と。それはそれで作り手としては誠実だと思うんですね。

樋口　そうですね。

是枝　人生のうちの二時間をもらって、「無駄にはしません」というのは潔いなと思って。エンターテイメントとしては、それもありだと思う。ただ、自分が経験した映画で言うと、映画館を出たあとに、それまでと違った風景が見えるというような、自分の中で変革が起きているんです。それが映画の圧倒的な力を感じる瞬間だったけど、それを作り手が狙ってやれるか、狙ってやっていいのかというと、そこはちょっと違う気がするんです。作品が、結果的に観た人間の中でそういう力をもつ可能性と危険性はあるけど、作り手がその力を意識し始めると、ちょっと違ってくる気がするんですね。

樋口　そうですね。最初から大きな枠組みのなかで結果をはかろうとするのには、すごく違和感を感じますね。ただ、観た人が何か感じてくれるということが積もり積もることは、素敵なことだと思います。

是枝　さっき樋口さんが言ったように、仕事をする一番の魅力は、自分と違う人生に出合う、自分と違う価値観に出合うということだよね。

樋口　海外の賞の審査をやっていると、必ず「そのリザルト（結果）はどうなの？」と言われるんです。数字で目に見える結果です。

是枝　そうなんだね。

樋口　応募書類には「リザルトはこれだった」と書いてあるんですけど、それをメインの判断の対象にするのもちょっと違うような気がする。違う人生に出会ったときの視界が開かれる感じや、ハッとする感じとか、そういうことは簡単には指標化できないですしね。

それは逆に、ものの見方をすごく規定してしまう気がして、先に結果を意識してしまうと、こうでなくてはならないというものの伝え方をしてしまう気がします。

是枝　そうですね。広がりを失う。

樋口　最近スポーツマーケティングの仕事をすることがだんだん増えてきて、いろいろな団体やスポンサーになってくれそうな企業の人たちと、「これからのスポーツ観そのものをつくるタイミングだ」という話をしているんです。実際に今までのようなゲーム性というだけではなく、健康的に生きるとか、まわりの人とのコミュニティづくりだったり、そういう視点でスポーツをとらえる価値観へと変化しているわけですし。

スポーツをただの大きなイベントだととらえると、「それ、いるんだっけ？」という話になってしまう。でも、スポーツ観が変わることには意味があるかもしれない。

勝ち負けだけではない、人間と人間の関係性を考え直すとか、自分と向き合うということを考え直すとか、もっといろいろなことがスポーツ観のなかにはあるのではないかと思っているんです。

こんなとらえ方もあるんだとか、自分はスポーツとは縁遠いと思っていたけれども、より大きくスポーツを解釈すると自分との接点がこんなにあるんだなどと考えられるとしたら、意味はあるかなと思いながらやっています。

秋篇

仕事人としての閉塞感

キャリアが重なっていくうち、どこかのタイミングで閉塞感が生まれてくるものです。経年による錆《さび》がついてしまっていて、オーバーホールをするタイミングかもしれません。閉塞感を打開するためには、原点に一度立ち返る、ということが一つのやり方だと思います。そもそもなぜこの道を志したのか、何のためにやっているのか、視野が狭くなってしまうと、どうしても部分最適を考えてしまう、あるいは目的と手段を取り違えてしまう、ということが起きてしまう。そのときに、純粋な好奇心や、純粋な動機、そういうものにもう一度踏み込めるかどうか。異物、非合理、見て見ぬふり。対話のなかで出てくる言葉は、固まってしまいがちなプロセスに揺さぶりをかけるためのやり方の数々です。二人とも無意識でやっていることのようですが、結局はそもそも世の中の価値観に揺さぶりをかけることができるかどうか、という仕事をしているわけですから、自らのあり方、やり方について揺さぶりをかけ続けることは、必然的に行わなければならないことなのだと思います。

人が成長するときに必要なもの

「見て見ぬふり」で部下を育てる

樋口　僕は組織上、ある程度の人数を見る立場になったのですが、やっぱり何十人もの面倒を見るのは大変です。

是枝　ポジションが上がると、会社の中の仕事も増えてくるでしょ。

樋口　それがキツいですね。今までずっと外を向いて仕事をしてきたので、社内にそれほど多くの仕事があることを知りませんでした。物理的に時間をとられること以外に、内向きのベクトルのなかで仕事をするのがけっこうなストレスですね。外の仕事は寝ないでやってもまったく平気ですが、社内の仕事をしていると五時半になると帰りたくなります。

是枝　会議もありますね。

樋口　そうそう。

是枝　僕は会議に出ても一時間で飽きちゃうんですよ。もうじっとしてられない。

樋口　そうですか。会議は二時間の単位が定着していますが、僕もあれがほんとうにダメで。

是枝　二時間やっても出てこないものは出てこない。二時間は長いよね。

樋口　僕は、集まって考えるという形はもうすでに違うのではないかと思っているんです。考え終わって決めるようにすれば、それほど時間かからないはずなんですよね。

是枝　テレビマンユニオンでは僕が四〇代のころまで、メンバー総会といって、株を持っているメンバーが一三〇人くらい集まる会議を月1でやっていたんです。月初の土曜日午前一〇時から始まるんです。

僕が入社した頃四十数人だったのが一三〇人になったんだけど、すると、集まって話し合われるのはトラブル処理ばかり。「誰それはこういうミスをして、こういう問題が起きていて」と、やはり人数が増えるとどうしてもそうなる。あとは売上げがあと何億足りないとか、という話。その対処に三時間がつぶれるんです。午後一時まで。まったくポジティブな話が出てこないまま時間切れという状態が最後の五、六年続いた。僕は、その場にいるのがつらくてつらくて。でも、人数が増えるってそうことなんですよね。

樋口　そうなんだよなぁ。ある程度クオリティの高いメンバーだったら、ポジティブな話になるのに、人数が増えると一気にそうならない状況が出現する。

是枝　やはり経営側に回るとそこを含めて考えないといけないんだなって、他人事に思っていましたけど。

樋口　昔より管理が厳しくなったということがあるんでしょうね。細かい数字の目標や時間の管理とか、管理の仕組みが非常に発達した。管理の指標ができて、管理の仕組みと仕方が妙にはびこってしまった。

　効率や合理化の話で言えば、最近仕事をしていて一番怖いのは、消費者に「買いたい」という欲求そのものがなくなっているのではないかということなんです。物を買う欲望や欲求が前よりずいぶん低下している。一つの理由は、インターネットでたぐれば非常に効率的な買い方ができることにあるような気がします。売れている本を買い……。

是枝　本屋をウロウロしなくてもね。

樋口　合理化されたところで行動が制限されると、物事に心を動かされるとか、単純にワクワクするとか、そんなナゾ自体が減る。検索すればたいていわかるということになると、ワクワクする要素がだんだん細ってしまうようなところがあるかもしれないという懸念があります。
　会社も管理が厳しくなっていくと、上司と戦うということも含めて、仕事に向かうワクワクする要素が細っていくような気がします。
　僕は、たくさん管理をしなくてはいけなくなってますが、その中で意識してやろうと思っているのはわざと「見て見ぬふり」することなんです（笑）。上司にあまり細かくお伺いを立てず、自分でやることが人を伸ばしますからね。背負う部分が必然的に増えますから。外すべきでない大事なところ以外は、そこを目ざとく指摘しない。もちろん大怪我はしないように大きくは見ていますし、怪我しないタイミングできちんと話をしますが、基本は多少距離をとるのがいいんじゃないかなと思って。
是枝　上司にそうしてくれる人がいることは大事だよね。僕は三年くらい前に『奇跡』という映画をつくったとき、子どもが無謀な旅に出るのを見て見ぬふりをするおじいちゃんを出しました。

学校でいえば、勉強の成績とは関係のない保健室や図書室の先生が見て見ぬふりをする。それと同じです。そうじゃない人たちは、見て見ぬふりができないポジションだからジャマをするんだけど、見て見ぬふりをする大人が子どもの周りにいることで、子どもが外部の世界と出合う手助けになる。そういう構図のなかで、おじいちゃんとおばあちゃんが見て見ぬふりをするようにしたんです。今そういう隙間や存在が社会のなかから消えていっているんだよね。非効率だしね。

樋口　効率を追うことからすると、あきらかに真逆なんですね。企画やアイデアは、ゼロから1を生むものであって、そこにはどうしても効率論を越えなくてはならない部分がある。だから僕は、あえて非効率な部分をどうつくっていくか戦わなければいけないのかなと感じています。若い人は、勝手にやればどんどん社会が広がっていくはずなんだけど……。

是枝　大学が今そういう世界になってないよね。大学が完全に予備校になって、効率だけが評価される場所になってきている。それも理由の一つかもしれないですね。

樋口　もともとは外に向かうべき場所だったわけですよね。

去年アメリカのある大学に行ったんです。すごく期待して行って、違った印象をもって帰ってきました。よく日本の教育はがんじがらめで、アメリカは自由だと言いますね。たしかに彼らは思いっきり何かをやるんだけど、そのモチベーションが、いかにお金を集めて起業して、事業化をして売り抜けるかというものになっている。技術をつきつめるのではなくて、短期的に投資家の目を向けさせて、投資をさせて起業してお金を稼いで売ってという、ものすごく短期的な感じ。

是枝　愛がない感じで。

樋口　そう、愛がない感じ。その大学がこうだと、それはいろいろな国の大学に影響を与えるなあと思ったんです。大学がすごく小さいビジネス機関になっている。見聞を広げたり、外の世界と接したりしないまま社会人になって、会社では管理する指標だけが増えていくという状態になれば、アイデアを出せる人は少なくなります。

グーグルの「二〇％ルール」が世界に賞賛されているのはどういうことなんだろう、と思います。それは本当に素晴らしいことですが、「勤務時間の二〇％は通常の仕事を離れて自分の好きなことをやっていい」ということが制度化され、しかも賞賛される状況って、本当はすごく変な社会じゃないかと思うんです。そこにこそ成長の余地があると考えるのが本来あるべき姿ではないかと。

制度化しなくても、適切に外の世界と接することに見て見ぬふりをする大人がそこにいればいいだけの話ではないかと思うんです。人を伸ばすことよりも、短期的な売上げだけでマネジメントをはかると、「見て見ぬふりをするのは、マネジャーとして失格」と言われるのかもしれないけど。

あえて組織に異物を入れる

是枝　この秋、自分で立ち上げた会社で、番組契約の形態で新人を三人とったんです。監督助手二人、プロデューサーのアシスタントを一人とりました。

樋口　どうですか？

是枝　新人募集は二度めなんですが、今回は、僕と西川美和で全部の応募作文一三〇人分を読んで、二〇人面接して三人残した。一番若い人が高校在学中、一番年配が四六歳の主婦。四六歳の人は年齢制限を超えていたんだけど。

今回、意欲的な作文をずいぶん読みました。この業界になかなか飯を食える場所がなくて、芸大の大学院を出てもバイトをしながら自主制作をやっているという状況で、映像系の学部を卒業してもなかなか生業にできない。そんな状況があるから、うちのような小さな組織に応募してくるんでしょうけど、育てられるかどうかは正直言って全然わからない。
監督助手というのは無駄なポジションなんです。効率をあげるのなら助監督を増やしたほうがいい。

樋口　なるほど。

是枝　助監督というのは現場を前に進めていくアクセルのようなものです。次の撮影現場をどうしていくか、最短で走るために必要な人材であり職種なんだけど、どうもそれだけだとよくない。現場では単純に相談相手がほしい。
テレビの現場には、ディレクターが立ち止まって「これどう思う?」と相談するアシスタントディレクターが必要なんですね。企画書を書いて資料集めからやって放送日まで一緒に付き添う。僕はそういうやり方に慣れていたんだけど、最初の映画をやったとき、助監督がクランクインの一カ月前にやって来て、クランクアップと同時に次の現場に消えてしまう。それも潔い生き方なんだけど、それとは違う存在がほしくて監督助手というポジションをつくったんです。現場では、とりあえずは僕のそばに立っているのが仕事だから、はたから「あいつ何やってんだ?」と言われないために、モニター周りの仕事をさせて、収録や編集を手伝わせていますけど。

前に進めるためではない人間を置いて、「今のカットは違うんじゃないですか」とか、「昨日撮ったあのシーンはセリフがおかしいんじゃないですか」と僕に反省を促す。へたすると現場を止めることになるんだけど、すごくいいタイミングでアドバイスをしてくる子もいれば、「えっ、今言うのか、お前」というタイミングで言うのもいるんです。それでも、そのポジションを置いてからは確実に作品のクオリティが上がっているんです。現場の編集の判断が上がっているという実感があるので、ずっと置き続けています。ときどきプロデューサー陣の批判の矢面に立たされますけど。

樋口　その人の人間力が問われますね。

是枝　めちゃくちゃ問われる。

樋口　訓練になりますね。

是枝　監督になるためのいい訓練だなと思っていて、そこから監督を育てようと思ってやっているんです。

樋口　物事を合理的に進めようと思うと、必要なピースだけで組もうとしますが、僕も勝手なことを言ってくれる若者をチームに必ず一人入れています。

是枝　大事ですよね。

樋口　僕らに染まっていない人間、いわゆる異物を一人入れておくことは重要ですね。無謀なことを言ってくれるというか、全然違う理屈を言ってくる。それがすごく大事ですね。人は簡単に染まってしまうので、異物で居続けてくれる人間がいると、最終的なクオリティはやはりいいですよね。

是枝　何々組とか何々ワールドって、つねに同じスタッフとキャストだけで閉じてしまうのは、それはそれで幸せなんですが、その世界に対する批評性がなくなっていく危険性がある。だから新しい血を入れつつ新陳代謝していかないと、僕なんかの仕事ってすぐつまらなくなる。面白いものをもっていた人があっという間につまらなくなる。一人でやっているよりも集団が閉じたときのほうが、閉鎖的な度合いは強いですよね。それで、うまくいかなくなる。だから異物を入れるのは非常に大事ですね。

樋口　組織では、そこに馴染むほうが居心地がいいから、全員で馴染む方向にいきますね。それで一度成功体験をするとそのままいってしまう。効率や合理だけで考えると、閉鎖する組織のほうがよく見えるんでしょうね。

是枝　無駄がない現場に見えると思います。
樋口　それが、中長期的に見ると発展がなくなる。でも、異物の彼や彼女は大変ですよね。
是枝　うん、相当大変だと思いますね。無茶なことをさせているんですから。二年前に入った女性は、最初はどんなタイミングで僕に何を言ったらいいのかさっぱりわからなかったみたいだけど、現場を四回くらい経験したら、今は彼女がいないと……。
樋口　そうですか。
是枝　彼女がどう思うか、頼りにするようになりましたからね。まだ二六歳なんだけど。
樋口　すごいですね。
是枝　監督助手という立場に放り込むと、耐えられない者はやめるし、耐えられる者は相当成長する。そんなポジションだというのがわかりました。
樋口　やってみれば怪我をすることはありますね。小さい怪我をしてこなかった人がいきなり大怪我をするのが一番怖いから、多少の怪我はある程度してもらったほうがいい。やっているうちに、必ず次の一歩が踏めるような人間になっていきますね。

効率や合理を追求していく仕組みでは、どうしても責任を分担するようになる。一人で背負うとリスクが高くなるから、一人に背負わせない状況をつくりたがる。でも、責任を分担すると、それだけ背負う部分が小さいから成長の度合いも小さくなる。

是枝　自分の判断でいい悪いが言えるのが大事なんだよね。

樋口　そこに合理性をもち込んで、判断のできない人間が育っても、なんの意味もないわけですよね。

自分の仕事を楽しく語る

結果を目的と勘違いしていないか

是枝　僕は足を踏み入れてないんだけど、東京国際映画祭というイベントがあって、今、経産省が持参金付きで乗り込んで来て、いわゆるクールジャパンとつながったんです。

樋口　なるほど。

是枝　それで開会式に安倍さんがやって来て開会宣言をした。日本の文化をコンテンツとして海外に売り込んで外貨を獲得するというスタンスで映画祭をやっているわけです。もちろん頑張っている人たちもいて、ふだん観られない映画が観られるいい機会として機能する部分はあるんだけど、全体のコンセプトとしては完全にそっちに舵を切った。

樋口　そうなんですね。

是枝　本来的には、映画祭は文科省か文化庁が主導権を握るべきで、そこで語られるのは「日本は」じゃなくて「映画は」ではなくてはいけない。当たり前じゃないですか。

もちろん、どこの国でも裏でビジネス的な戦いが繰り広げられているけれども、根本的なコンセプトというか、哲学、精神をもっています。映画という文化に、私たちがどう寄与できるのか、そこでどう他者と出会って映画の多様性を商業主義に流されずに確保していくのかという戦いの場としてあるのが、少なくともヨーロッパなどで伝統的に続けられてきた映画祭です。

お隣の韓国で始まった釜山国際映画祭は非常に優れた人たちの手法のもとに成功しました。国が相当に力を入れて国家主導的な形でやった部分もあるから、外国人が行くとやや居心地が悪いところもあるし、韓国人のためのお祭になった側面もなくはない。ただ、トップに立った人たちが、ヨーロッパの哲学を注入してアジアで一番優れた映画祭にしたことは間違いありません。日本はそのよくないところだけ真似した。正直言って、映画祭というものがまったくわかってない。あの開会宣言を聞くかぎり、安倍晋三が一番わかってない。誰も教えてあげられないというか、それがまかりとおっているところが非常に情けないというか、悲しいというか。ああ、日本では映画祭はこの程度のものと思われているんだなと思いました。

何のために映画祭をやるのかを考えたとき、わかりやすいのは、日本のものが外で売れてお金が儲かることです。しかしそれは、映画という文化にどのくらい私たちが寄与して、その多様性を確保していくかという思いを巡らせて、すごく遠回りを重ねたあげく、やがて戻ってくる豊かさとはまったく違う。今年の感じを見ていると、完全にクールジャパン的価値観に押し切られた。

樋口　何かをやるとき、一番わかりやすいものが「結果的にいくら儲かるから」ということですよね。そういう直線的なところに結びついているんでしょうね。

是枝　それ、どうしたら変わると思います？　スポーツも同じですよね。スポンサーがそのチームを支えることで社会参加をするという意識ではなく、いくら宣伝効果があるかということでしかスポンサードしなくなる。広告は今、かなりそういう局面にさらされていますね。社会参加などの意識がどんどん削られていったなかで、どれくらい売れたのかという形でしか評価されなくなっている。スポーツも映画も同じ状況ですね。僕は広告も文化だと思うけど、そういう側面が効率でしか語られなくなっている状況を、どうにかして変えていかないと、この島国は文化が根づかないまま沈むんだなという気がしている。

樋口　僕は、それをなんとか今後起きる大きなスポーツイベントで変えていきたいと思っているんです。参加する企業に対して、「これでいくら儲かるとかではなくて、これを機に企業のあり方を変えるとか、価値観を変える。そういうものに一緒に協力してください」と話しているんです。それがよい影響力をもつものになったら、結果利益を生むものになるわけですから。

なにをやるかじゃなくて、自分たちがこの国にどう貢献できるのかという視点で考えると、広告をして買ってもらうという発想から抜け出ることができる。これからのスポーツイベントは、たとえば人間の身体性というテーマで企業活動をとらえなおす、たとえば高齢者も増えて体が不自由な人が増えることに対して自分の企業は何ができるのか考えなおすなど、これまでとまったく違う前を向いた一歩を踏み出せる場になる可能性があります。

「これで自分が何を得するかではなくて、こういうテーマを一緒に考えたときに自分たちに何ができるかという地点から事業の新しい一歩を踏み出す、そういうことを考えませんか」という話をしています。

そうしないと、さっきの妙な因果関係にみんながとらわれる。目的と結果は逆のはずなのに、結果を目的にしている。お金が儲かるのは結果なのに、最初にそれを掲げるからすべてがおかしくなる。その因果関係の整理を一気にどこかでやってしまわないと未来はない、と僕は思っているんです。

少し強引に話をつなぐと、因果関係がぐちゃぐちゃになっている状態が、いろんなビジネスマン、社会人を混乱させているような気がするんです。「問題は、お金が稼げなくなっていることだから、稼げるようになればいいのです」と初期設定されているから、そこに積み上げるにはどうすればいいかというスタンスで仕事が設定されてしまう。「三カ月でこれを商品化しなさい」とか、「三カ月で売れるようにしなさい」となるんだと思うんですね。

知識や知恵の共有や、人生の多様さの共有とはどういうことかからスタートすると、発想の広がり方がまったく違ってくるし、短期的に「何カ月で何%売上げを伸ばすんだ」という考えにがんじがらめにならなくてすむんじゃないでしょうか。そしてスタート地点が違うからこそ、今までと違うものやほかとは違うものが生み出せる。今、変な因果関係にとらわれ過ぎている感じがします。

ちょっと話が逸れますが、春の対談で、是枝さんが映画人を大学で育てるにはどうすればいいんだろうと話された。その後、僕も大学で教えながらどうすれば企画者を育てられるか悩んで、先日、「世の中の因果関係をちゃんと考えられる人を育てられれば結果的にはうまくいくんじゃないか」と思ったんです。撮り方や企画の仕方を教えるよりも、この事象は何と結びついているんだろうかとか。

是枝　社会の見方を。

樋口　そう。この現象は氷山の一角でしかなくて、この歴史と結びついているのではないかとか、違う国のこういう考え方と結びついているのではないかとか、そういう、今起きている現象を結果としてとらえたときの、その因果関係をきちんと整理する。その因果関係のなかにアイデアがある、芽があることを伝えるのが大事なんじゃないかなとちょっと思いながら、最近教えているんです。

表層的なものをアイデアと呼ぶのは抵抗があるんですね。アイデアとは、ほんとうはこの世界のことと結びついているのではないか、結果的にこういうものが氷山の上に出るようになっているのではないか、という見方そのもののことなんじゃないか。

そこがしっかりしてくると仕事の質も変わるし、そうとらえられる人が表現活動に関して根をもてるんじゃないかなと思っています。

是枝　それは、今見えてるものの向こうに、何か別の物を見ていくということだよね。

樋口　そうです。

まずリテラシーを鍛える

是枝　大学は難しいね。今、じつに困っているんです。僕は早稲田大学の理工学術院表現工学科というところに籍を置いてるんだけど、いろいろな学部の人が取れる副専攻としての映像カリキュラムを一二科目ぐらいまかされていて、初年度とりあえず手をつけながら、来年度以降どうしていくか、新しい先生を呼んだり、カリキュラムを変えたりしているんです。

文化構想学部にも映像系の先生の講義があり、政治経済学部にもジャーナリズム系の先生の講義があるんですが、まったく横の連携がない。政治経済学部は文化構想学部で何を教えているかまったく知らない。縦割りでタコツボ化していて、その中で自分の生徒を教えているだけになっていて、なんちゅう無駄をしているんだろうと思って。

映像系の学科を集めて学部にするという発想もない。早稲田は「新しい学部をつくる発想は捨てて、自由に横に動けるようにしたんだ」と言っているけど、教える側にまったく横の連携がないのに、学生にだけ移動しろと言っても無理なんですよね。

僕は文化構想学部の先生を引っ張ってきて、授業を分担してもらおうと思ったんだけど、それには給料が出せない。ほかの学部の先生はボランティアでしかこられない状況で……。なんでこんな不自由なんだろう。

樋口　それは大変。

是枝　愚痴になっちゃうけど、僕は自主制作というのを大学時代に全くしていません。脚本をひとりで書いてたくらい。大学生がつくるものなんてたかがしれてるし、だったらいいものの観たほうがいいやと思っていた。今も正直そう思っていて、大学生のなかからプロの作り手も出てくるから否定はしないけど、それは個人が勝手にやればいいなと思っているんです。映像を見る目を鍛えることで、世界を見る目が鍛えられるから、それこそが有意義なんじゃないかと思っている。

立命館大学でも教えていたんですが、そこではリテラシー、見て語るだけをやってきました。ただ、それに徹することができないんだよね。つくりたい学生が結構集まってきて、その子たちのモチベーションをどう伸ばすか。つくりながらリテラシーにつなげていくというのが課題で、すごく難しいなあ。

〈ようこそ先輩〉で子どもに教わったこと

是枝　先日NHKの〈ようこそ先輩〉という番組に出たんです。

樋口　いい番組ですよね。

是枝　一、二年生のときだけ通った練馬の北町小学校の六年生三〇人くらいと一緒に作品をつくりました。最初は正直言ってあんまり乗り気じゃなかったの。どうせたいしたものつくれないし、楽しめばいいかなというぐらいだった。ただ、「カメラは自己表現の道具ではない」ということだけ子どもたちに伝わればいいなと思って。

なぜ大学生のつくるものがつまらないかというと、内側が豊かでないのに自己表出しようとするからです。それで、小学生には、「とにかく家から学校までの通学路でわからないものがあったら、それを撮ってきて」と言った。それが何なのか探ろうよと。「カメラは世界を発見する道具なんだ」ということを二日間かけて伝えられればいいなと思って。それで、写真を撮ってこさせて、「それ探そうか」と言ってテーマを決めた。

樋口　ええ。

是枝　ある生徒は、家を新築したとき大工さんが柱の半円の切れ端にドリルで穴を開けたのが、そのまま置いてあったんだって。「それが何なのかがわからなくて、捨てられないんだけど、何だか知りたい」って言うので、大工さんに聞いてまわった。そういう班があったり。

面白かったのは、学校の隣に自衛隊の官舎があって、そこによく黒猫がたむろしている。それで、「黒猫の巣を探したい」と女の子が言うんです。僕は、子どもが猫を追いかける絵があると面白いなという程度で、あまり期待していなかったんだけど、「いいね、それやろうか」と言ってやらせた。

猫を見つけて撮り始めると、耳が桜の花びらみたいにプチッと切れている猫がいたんです。それは野良猫を保護した人が去勢や不妊の手術をして、その証拠に耳をプチッと切って町へ返していたんだね。「避妊手術をしているので、保健所さん連れて行かないでくださいね」という印だったの。そういうボランティアをしているおばさんがいて、その人たちの取材をすることになって、僕らもついて行った。

旧川越街道沿いにはかつて栄えていた商店街があるんだけど、そこでは黒字になるからと昔から黒猫を飼っていたんだって。その後商店街がさびれて店を閉めたときにその黒猫たちが野良化した。白より黒のほうが繁殖率が高くて白を淘汰した。それで、このあたりには黒猫が多いんじゃないかという説が出てきた。もう大人のほうが目から鱗《うろこ》ですよ。子どもたちはその話には興味がなくて、猫をたくさん飼っているおばさんの家で「かわいい」って言っているだけだったんだけど、大人のほうが、「うわ、面白いな」と。

樋口　それは面白い。

是枝　その報告があったとき、子どもたちも「へー」ってびっくりするわけです。それを知ることによって、それまで見ていた町の風景が一変するんです。ドキュメンタリーの原点を子どもに示されたような気がした。私たちがふだんいかに世界を見ていないかを気づかせてくれるのがカメラであり、ドキュメンタリーであって、それはすであるものを再び撮るのではなくて、カメラによって初めて発見されるのだと、その子どもたちの取材で僕は改めて突きつけられたんです。

あ、こういう経験ができるのであれば、大学時代に何かを撮るのはありだなと思ったわけです。これを大学のカリキュラムに活かせないかなと、小学生と一緒にやった番組で考えました。

樋口　小学生とやらせるのがいいんじゃないですか。

是枝　ええ。それで今度、「こども映画教室」を早稲田大学でやることになったんですけどね。子どもが映像をつくるのに、大学生がボランティア的に参加をするという授業ができないかなと考えているんです。ただ、それが授業になってしまうと、子どもの側から参加料が取れなくなったり、難しいですね。もともと、こども映画教室は新宿区から助成金をもらっているようですが、それが難しくなる。なんて大学って不自由なんだろう。

樋口　大学生が学生同士で固まっているとろくなことないですね。

是枝　ろくなことない、ほんとうに。

樋口　どうしても自己表現になってしまう。でも、「カメラは世界を発見するためのものだ」という定義が一つあると、彼らもエゴむき出しの心象風景を撮るような行為からは多少離れられるかもしれない。

是枝　ぜひ、そうなってほしいんだよね。

樋口　子どもの根っこには、純粋な好奇心に突き動かされてということがありますね。社会人も純粋な好奇心に突き動かされるものがあればいいんじゃないかと思うんです。

正論や「べき論」ではなく、好きだとか惹かれるとか、そういうことをベースに仕事を組み立てていったほうがいい。仕事だって、どう発見をするかがキーになっているはずだから。

自分の仕事を楽しく語れる人間になる

是枝　うちの会社の面接に来たある女の子は、大学卒業後に大手制作会社に入って一カ月で辞めているんです。「なんで辞めたの？」と聞くと、上司に「この仕事は撮りたいものを撮るんじゃないんだ。要求にどう応じるかだからな」って言われたからだって。「自主制作みたいに自分が撮りたいものを撮れると思ったら大間違いだ」と言われて、ショックを受けて一カ月で辞めてクリーニング屋で働いていたんだって。「そうか、それを入ってきた新人に言っちゃうんだ」と思った。それが現実といえば現実なんでしょうけど。

撮っている本人が面白いと思ってないものを見せられることほど苦痛なことはないですよね。その出発点だけは死守しないと、楽しくない仕事になるだろうと思うんだけど。

樋口　受注体質のようなものがしみつくと、「これくらいやっとけばいいよね」というような働き方になりますよね。

是枝　自分が関わった仕事を楽しげに語る人って素敵ですよね。僕にとっては葛西薫さんがそうなんです。どんなに忙しくても会うと「ちょっと見て」と言って最近手がけた仕事を見せてくれる。その時間はすごくほっとするんです。ほっとして幸せになって帰ってくる。あの幸福感は何だろうな。会うと楽しい。楽しいし、楽しい話しかしない。

樋口　仕事であるアートディレクションの大家の方に会ったんです。どうしてもその人のトーンがほしくて、お願いに行った。断られるかもなあと思いながら、「アートディレクターをやっていただけませんか」とお願いしました。断る理由は山ほどあって受ける理由はほとんどないような仕事だったんです。すると、「この年齢になって、一アートディレクターとして誘ってもらえるのはうれしい」と言われました。

権威のある方なんですが、一アートディレクターとしてやっている姿勢がすごく素敵です。「こういう声かけをぜひしてもらいたい」と逆に言われました。結果的に、それは素晴らしい仕事になりました。いくつになっても精魂を込めて、仕事の一つひとつに責任をもってやり続けることが素敵だなあと思います。いわゆる「仕事をする人」というのはそういう方なんじゃないかと思いますね。

是枝　素敵ですねぇ。

仕事の壁を乗り越える

厳しくされても人は成長しない

是枝　今日は、朝まで原稿を一本書いていたんです。ある雑誌の父親特集に書いてくれと言われて、いろいろ考えました。父親を乗り越えるべき壁としてとらえる見方がありますね。父親が壁として存在し、否定されることで、子どもが成長していく。そういう存在が未熟な若者を成熟させていくという考え方についてどう思いますか？

僕の父親はまったく稀薄な存在で、僕はいっさい父権的な抑圧も受けてこなかったし、僕自身もそういう存在ではない。仕事においても否定されることで伸びると考える人がいますね。そういう石原慎太郎的な価値観。体育会系的な、星野仙一的な感じ。

樋口　ええ。

是枝　僕は、それがすごく苦手なんです。星野さんが、ではなくそういう父権を求めてしまう側が。僕はそういう経験をしてこなかったんだけど、人が成長するときにはそういう壁のようなものが自分の外に必要なのかな。正直よくわからない。

樋口　「オレを越えていけ」という壁は、最終的には反発、そして距離を置くという態度しか生まないんじゃないでしょうか。父親自身が壁を越えようとしている姿を背中で見せることでしか伝えられないように思う。自分が壁になるというよりは。

僕は、急に部下が増えたときに、どうやっていこうか悩みました。ダメ出しをする人がいなくなっている状況があるので、何らかダメ出しをしなくてはいけないだろう。でも、ただダメ出しをしても、それでよくなることはきっとないだろうとも思った。何が一番いいのか考えたとき、むしろ僕自身が矢面に立って苦しんで、一番ボコボコにされているなかでなんとかやっている姿を見せる、ということをやろうと思ったんです。

部下を直接的にこき下ろしたところでその人が学ぶものは少ないというか、「ああは言っているけど」という変な防御策だけ覚える人間になるような気がする。それよりは「あんなにボコボコになっても何とかやっていくんだな」「最終的にはオレも何とかなるんじゃないか」と思わせる。伝えられるのはそういうことではないかと思っているんです。

理不尽に否定することをやる組織は多いですが、それで部下が「なにくそ」と思うかというと、人はそんなに単純じゃないと思う。

是枝 そうだよね。否定のエネルギーだけで面白いものが生まれるとは思えない。

樋口 単純作業ならそれが機能する場面もあるかもしれませんが、面白いものを生み出す、いいものをつくることを考えると、その方向が正しいとはとても思えない。

是枝 難しいね。僕は冷たいのかもしれないけど、強く叱責しないとできないような奴は、端からこの仕事は無理だと思う。仕事によるのかもしれないけど。怒られる前に自分で気づいて直せないやつは、演出の仕事はムリじゃないかなとどこかで思っている。あきらめるのはいけないことかもしれないけど、だから、そうじゃない人間を集める。

僕は高校の頃から部活をやっていたんだけど、その上下関係が嫌だった。ただ理不尽なだけのしごきのようなのがありますよね。だから自分がコーチになって教えるようになったときに、叩いたり蹴ったりとか、ただ苦しいだけの練習はやめました。すると弱くなったんですよ。それで「オレ、コーチ向かないな」と手をひいた。スポーツでは、厳しくされてできるようになるという考え方はまだあるんじゃない？　価値観として。

樋口　ありますよね。

是枝　だけど本来的には、自分からその競技を好きになっていかないと続かないですよね。

樋口　自分の子どもの少年サッカーを見ているとやっぱりそうですよ。チームによってはずっと叱責しているコーチがいるんです。うちの子が通っているチームは「今は何をする時間か」ということだけ言うんです。つまり考えさせる。相手のチームは「何とかしろよ！」「すぐ戻れ」とか言い続けている。すると、やはり言われないとできない子になりますね。言われることに慣れて。

是枝　そうだよねぇ。楽しくないよねぇ、それね。

樋口　結局、それは指示を待つ人を増やすだけだから。言われなくても練習する人を生まないと、最終的には伸びないし、続かない。

是枝　子どものときからそうなんだよねぇ。

樋口　怒鳴りまくっているコーチってまだいますよ。短期的に結果を出すときには、それが機能することもあるかもしれない。その場だけ、この一年で結果を出すんだと思うとそうなるのかもしれないけど、それは物事を見るスパンとしては寂しいな。仕事でもそうで、叱責して結果が出る社会ってなんでしょうね。

是枝　社会が間違っている。

樋口　よい結果を生むには、長く時間をかけて経験値をしっかり積まなくてはなりませんよね。だから、自分で考えて自分で修正する人にならなければいけない。言われることをやっていてもスキルは一向に上がらないので。

是枝　映画の現場は、チーフ助監督、カメラマン、照明技師の三つのポジションをどんな人が占めるかによって大きく変わりますね。職人の世界なので、照明のチーフが助手を叩いたりすることはまだあると思いますが、女性スタッフも増えたので減ったと思います。だって怒鳴っても上手にならないもの。

怒鳴ってよくなるのなら怒鳴るけど、そうならないと思うなあ。萎縮するだけで。もちろん、たるんでいて怪我したらしょうがないから、そのことで大きな声を出すのはわからなくはないけども。

樋口　助手を育てるということを考えると、怒鳴るという選択肢はないですよ。萎縮して何もできなくなる。

是枝　映画の現場がすべて道徳的にやるべきだとは思ってないし、社会からあぶれた人たちがたむろして噴出するエネルギーというのもある。ただ、パワハラとセクハラの嵐のような状況は健全じゃないよね。どう考えても。

樋口　超えるべきバーのようなものは必要だと思うんですよね。でも、壁として行く手をさえぎるというのは違うかなと感じます。

「二八歳の壁」を乗り越える出会い

樋口　僕は若い頃に、受注体質になりかけていた時期があって、それが自分にとっての一番の壁だったような気がします。そのとき、たまたま自分の本棚を見たら、同じ装丁家の本を選んでいることに気づいたんです。それで、その方と一緒に仕事をしたいと思ってメールしました。そこから仲良くなって、その人が東京の東側を活性化するプロジェクトを構想していたので、そこに加わったんです。その人と一緒に仕事をしたい一心で。

もともとは繊維工場の多い地域だったんだけど、その多くが海外に移ったので空いているんですね。人も全然いなくなっていた。そこに建築家やアーティストたちと作品をつくって町を活性化しようと、その人と一緒に企画してやり始めたんです。すると、すごく面白くて、「こんな企画をやってみるといいんじゃないか」とか、「こういう建築家と展示をつくってみよう」とか、「こういうアーティストと展示をつくってみよう」とか、どんどん広がっていった。

そのときにできたネットワークや、そこで得た経験がその後ものすごく活きて、受注体質から抜け出せました。あのときに、「この人と仕事をしたいな」と思わなければ、ずっと受注体質のままだったのではないかという気がします。単純に自分がわくわくするとか、こういう人とやってみるといいかもしれないという思いでしか、壁は乗り越えられないのかもしれない。

是枝　いくつのとき？

樋口　三〇歳ぐらいか、ちょい手前かな。二八か九か。

是枝　僕も二八だよ。男の二八歳ってなんかあるね。

僕も二八のときにレギュラー番組の一ディレクターの枠の中で、要求されたことにどう応えるかってずっと考えていた。僕は、プロデューサーを頂点とする権力構造の一番下のディレクターとして入ったわけだけど、みんないかにそのプロデューサーにOKを出してもらうかを考えている。全員がその人の顔色をうかがいながら番組をつくっているというわかりやすい世界です。

結局、僕はそのプロデューサーの意にそぐわなくてクビになって、もう後がない状況で、初めて自分で企画書を書いて、放送局のあるプロデューサーに直接持ち込んだら、その人が「これ面白いね」と言ってくれた。「僕はこのことを知らないからやってごらん、僕も知りたいから」と言うわけです。

そのとき、「あ、面白いことを言う人だな」と思った。局のプロデューサーも制作会社のプロデューサーも「オレはこれ好きだからやれ」と言う人がほとんどなので、「僕はそれを知らない」という言い方が新鮮だった。春にも話したことだけど、そこで僕はドキュメンタリーを一本つくったわけです。生活保護に関するドキュメンタリーで、それが僕のディレクターとしてのデビュー作。「生活保護について全然知らないから、見てみたいからやってごらん」と言われて、何のキャリアも問われずに一本やらせてもらった。『しかし……福祉切り捨ての時代に』（91年。ギャラクシー賞優秀作品賞）

という作品です。それが二八歳のときで、自分が能動的に企画書を書いて取材に出て、番組をつくった最初なんだよね。

樋口　二〇代はどうしても最初は受注的なところからスタートせざるを得ないですよね。それで、どこかのタイミングで壁が出現して、能動的に働きかけることで、初めてなにかが変わる。

　僕もなんのキャリアも実績もないのに、その人は東京の東側を活性化するプロジェクトに入れてくれたんです。これがやっぱりすごく大きかった。

是枝　出会いだよね。恵まれているよね。二人は。

樋口　ほんとに。是枝さんもその方が、普通のプロデューサーのような対応だったら、最初のディレクターとしての作品ではなくなっていたかもしれないわけですよねえ。

是枝　辞めていると思います、この仕事。

樋口　そのときにその人にもち込んだのは、何かきっかけがあった？

是枝　テレビマンユニオンのなかに僕を連れて行って紹介してくれた人がいたんです。それも感謝している。もうひとつ言うとね。その番組をその元のレギュラー番組のプロデューサーが見てくれたわけです。放送の翌日出社したらすごい恐い顔して個室に手まねきするわけ。うわー何だよ、また怒られるのか？　もう関係ないのに、と思った。そしたら「観たぞ。相当面白かったな。お前はこういうものがつくりたかったんだな」とすごく誉めてくれたわけ。もう、涙が出るくらいうれしかったわけです。

樋口　なるほどねえ。やはりちゃんと見てくれる人がいたんですね。結局、人によって見出される。キャリアがないなかで、面白がってくれる人に出会えるかどうかですね。「どうしてもこれをやってみたい」という思いがベースにあれば、それを面白がってくれる人が出てくるということなんでしょうね。だから、壁がどうこう言うのではなくて、自分で動くしかないと思えるかどうかですね

冬篇

仕事人としてどんな未来を選ぶか

今後の仕事をとりまく環境はますますグローバルになっていくし、ネットを含めた流通、メディア、手段等の変化によって、さまざまな業界の再編や再構成、見直しが行われることは間違いありません。それは逆に、仕事というもののなかで提示すべきものがより普遍的、根源的なものとしての強度を持たなければならないということだと思います。これは世の中に何を提示するのか、世の中の何を変えようとするのか、何がよくなるために貢献するものとなるのか。仕事というものはそこに帰結していく。特に課題ばかりが増えている世界になっている状況だからこそ、そのどこに貢献できていくのか、という目線は必要となってきます。この仕事は人類史的にはどういう意味を持っているんだろう？　どうしても体内時計が短いほうへ短いほうへ、と流れがちな昨今です。むしろその先の、またその先のことを想像しながらものごとを見てみる、ということではないかと思います。

世界標準の仕事をするために

スカイプでは伝わらないこと

樋口　僕が最近思うのは、ネットでは極論が真ん中に置かれやすいということです。ネットに書き込みをする人は、自分の発言が影響力をもつことを喜びにしているので、極論を言いがちですよね。するとテレビでは「こんな発言がネット上で盛り上がっています」と言って極論ばかりを取り上げることになる。ほんとうにそうかなと思うようなことがありますよね。

是枝　ネットは、基本的に無責任なメディアだよね。

樋口　その極論が世の中なんだと思ってしまう人が増えていくということが起きますよね。

是枝　こういう時代にものを発信してくのは大変ですね。

樋口　そういうものに触れている時間が長くなると、どうしてもリテラシー（情報や知識の活用能力）が養われる機会がなくなっていく。自分で考えなくなる……。

是枝　授業中でもわからないことがあると、みんなすぐにネットで調べ始めるんですね。クローズドであるはずの授業の空間が閉じないんだよね。そのなかで対話をしようとしている人間からすると、マイナス面が大きい。

樋口　僕は話している最中にスマホで調べものをされるのがすごく嫌で、授業中ちょこちょこ打っている人に「やめなさい」と言ったことがあるんです。ラインで誰かと雑談しているのかと思って「やめなさい」と言ったら、「メモをとっていただけです」って。ほんとうにメモかもしれないけど気になる。

是枝　海外で記者会見をすると、記者は質問するときに手をあげてしゃべるんだけど、最近目が合わなくなりました。顔が向き合わないから、答えても相手が理解したのかしていないのかわからない。せめてうなずいてくれれば、言葉が届いたことがわかるんだけど。

　とくに韓国では、みんないっせいにその場でパソコンで原稿を打ち始めて、記者会見が終わった時点でもう書き終わっていてすぐに配信する。その速報性を競っているから、みんな下を向いていて誰ひとり目が合わない。顔が覚えられないんです。せっかく対面しているのに、一方通行な感じがします。だんだんそうなっていくね。だからネットもコミュニケーションツールではないという気がしてきた。

樋口　僕はスカイプでつないで打ち合わせをすることが増えてきて、昔に比べて海外の人とのやりとりは楽になりましたが、画面を通して見ているだけだと、確認はできてもアイデアを固め合うのは難しい。「これ大丈夫だよね？」「ＯＫ」というのはできるけど、「もっとこうしたほうがいいよね」などというのはやはり対面でないと難しいのかなと思っています。相手が熱をもって語っているのか、ほんとうにいいと思っているのか、画面を通してやっていると確認できない。イエス・ノーの判断はできても、そこから先が生まれない感じがしますね。

是枝　とくに日本人同士のコミュニケーションは対面しないと難しいよね。「そうですね」がイエスなのかノーなのか。

僕もそうだけど、日本人の場合、逆だったりしますよね。あのニュアンスはその場を共有していないとわからない。「あ、気に入っていないんだな」とか、「それほど強い否定ではないな」とか。僕はそういう曖昧なコミュニケーションが好きなんだけど、それが難しくなってきたね。

樋口　そういう直接顔を合わせないやりとりがどんどん発達すると、深い話をしないままものごとが進んでいくようになるのではないでしょうか。すごく大事なニュアンスをスルーしてものごとを始めることもありえる。

僕は先日ハワイに行ってきたんです。いつもスカイプで打ち合わせをしているスタッフが、ロサンゼルス、メキシコ、アルゼンチン、オーストラリアの各地にいるのですが、「ちょっと集まったほうがいいんじゃないか」と話して、ハワイに集まったんです。全員集まって顔をつき合わせて話をしたら、いろんなことがめちゃくちゃうまくいった。

是枝　そういうものだよね。

樋口　国際的な大企業の仕事だったんですが、何週間かけても進展しなかったことが一気に進みました。仕事の細かいところを詰めていくというまでは進まなかったんですが、「こういう未来のほうがいいのではないか」とか、「こういうことがやれたら楽しいよね」とか、お互いの気持ちを確認することができた。一堂に会すると気持ちが共有できる。そういう集まりを一度やったら、うまく進むようになりました。「ほんとうはこういう未来があるといいよね」と一回ワッと気持ちが盛り上がると、結果的にみんながいいと思うものにより近づけますね。

世界の人と通じ合うのはそれほど簡単ではないですね。よい未来像を握り合えるぐらいしかできないのではないかと最近思っています。海外の人と仕事をするときには、おしつけがましい態度では共感は得られないということを感じました。

日本が韓国より遅れている理由

樋口　是枝さんは、海外の配給会社とのやりとりが増えているんですか？

是枝　そうですね。今のところ、『そして父になる』が一番大きく国際展開していて、『海街diary』もフランスにある同じセールスエージェントに継続して海外配給をやってもらっています。

僕は、海外の配給会社に昔ほど口やかましく注文をつけなくなってきているんです。ポスターをつくるときも、「四姉妹が浴衣で花火」というジャポニズムみたいなものをやりたがる国が圧倒的に多くて、前は「そういうのだめ」と断っていたんだけど、最近は「はいわかりました、それが好きならそれでどうぞ」と、ちょっと譲るようになった。

あきらめたのではなくて、必ずしもこちらが正しいわけでもないということを含めて、状況を楽しめる大人になってきました。

樋口 ネットフリックスにしてもアマゾンにしても、これだけ幅広くコンテンツを手がけるなんて誰も思ってなかったし、すごいですよね。

是枝 アメリカなんか完全にそっちにシフトしていて、優秀な映像クリエーターはみんな劇場用の映画からネット配信の映画に移りつつある。

樋口 そんな動きがありますよね。

是枝 動くお金が全然違うのと、監督やプロデューサーのなかには、クリエイティビティーが発揮できる可能性はもうそっちにしか残ってないと言い始めた人もいる。韓国のポン・ジュノという国民的な映画監督は、ハリウッドに渡って、『スノーピアサー』という映画をつくったんだけど、それをきっかけに次作はネット配信を先行させるみたい。そのほうが自由にできると言って。

日本にもそんな話がき始めています。日本もゆるやかには変わっていくかもしれないけれど、まだ何十年かは急激には変わらないね、よくも悪くも。

日本では、劇場公開からあがる興業収入、配給収入がそのプロジェクトの収入に占める割合が非常に高い。そういう国は日本とインドぐらいだと思います。いまだに国内マーケットの劇場収入だけでペイできるというのは相当特殊です。だから海外進出が進まない。みんな気にし始めてはいるけど、「別に中国マーケットで成功しなくても、日本国内だけでなんとかなっているじゃないか」と。

ハリウッド映画も中国マーケットを無視できなくなっているけど、日本では、国内マーケットの充実がまだしばらく続くんじゃないかな。ネットフリックスも、作り手が野心をもてば成功例も出てくるだろうけど、まだしばらくはそこまで大きくは変わらないんじゃないかなぁ。

樋口　僕は海外の人とチームを組んで仕事をする機会が増えています。アメリカの会社から、まったく異なる組織に属しているロサンゼルスの人、東京の人、オーストラリアの人、三人でプロジェクトを組みませんかというような話がくるようになった。最初はとまどいがあって、初めて会う人とどんな仕事ができるんだろうと思っていたけど、実際に会って仕事をしてみると意外にうまくいく部分もありますね。

是枝　たぶん広告のほうが必要にかられている部分があるから、海外との取組みが早いんでしょうね。映画も徐々にはそうなっていくと思うけど、まだそこまで必要に迫られてないからね。

樋口　ネットフリックスとかストリーミングサービス（音楽配信）の会社の仕事のほうが、より自由度が高いと思われているのはどうしてでしょうか。

是枝　ハリウッドの劇場公開作品は、世界中をマーケットにしなくてはいけなくなって、どの国の人が観ても子どもが観ても、英語が理解できない人が観ても理解できる映画を指向せざるをえなくなっています。そこから逆算して企画が立てられるから、作家性の強い監督ほど離脱していく。日本でも最近、「やりたいことはＷＯＷＯＷの連ドラで」という監督が増えていて、テレビに出戻っている。現象としては面白いですね。

韓国はもう明快ですよ。中国で撮影したり中国のお金を入れたりして、韓国国内マーケットだけではなくて、アジアでどうプレゼンしていくかを考えざるをえなくなってきている。

日本はアジアの中で孤立していますね。残念ながら。

なぜほかの会社と違うのか

樋口　是枝さんご自身は海外の人たちと一緒に仕事をすることはあまりないんですか？

是枝　放っておけばないんです。だから意識的にやったことはあります。台湾のカメラマンと韓国の女優さんを起用して作品をつくったことがあります。その経験はすごく勉強になったし、将来的にもやっていこうと思っていますけど、なにより僕が日本語しかできないから、言葉が問題になる。ただし、言葉が通じなくても、「これがいいね」「これが素敵だね」というものを共有できたほうがいいに決まっているので、そのコンセンサスがとれればできるとは思うんです。

樋口　海外の人とチーム組むことが増えているなかで、僕が大事だと感じたのは、正しいことの順位づけなんです。たとえば、「今回はハピネスを一番上位概念におこう。二番目はこれで三番目はこれで」というふうに、順位づけを全員が共有しないとぐちゃぐちゃになる。

やはり言葉のニュアンスが怖い。アルゼンチン人も日本人もアメリカ人も英語で会話しながら仕事を進めるんだけど、単語の意味の広さを確認しないまま進むと、ある程度英語ができると思いこんでいても、みんなバラバラのことを言っているような、通じているようで全然通じてないようなことが起こる。そんなとき、青臭い議論をきっちりやって、一回順位づけをするとかなりうまく進むんじゃないかと最近思っているんです。

是枝　さっきの企業がスポーツイベントに対して非常に高い意識をもっているのは、国際企業だから？　スポーツという文化をどう支えていくべきかという発想をきちんともっているのは、国際的な視野をもっているからなの？

樋口　そうだと思います。マーケティングや商品販売という視点で考えていると、スポーツへの向き合い方や関わりは表層的になります。

その企業は全世界に数十万人の社員を抱えていて、その人たちがそれぞれの国でどうすれば根を張った存在になれるのか、いろいろな苦労をしている。そんななかで、「ほんとうに社会に必要な存在とは何だろう」とずっと考えてきた会社なのだと思うんです。「たまたま商品はこのカテゴリーだけど、そうでなくてもこの企業は必要とされるのか」と考えていなければ、何十万人という社員の未来は支えられない。
地域の人とのかかわりを考えるなかで、自分たちの存在を、どのようにスポーツと向き合うか、どのようにその地に貢献するかという感覚でとらえ直している。やはり世界的な企業は普通の会社の見方とは違いますね。普通だと「スポーツ？　マーケティング上あんまりうまくいかないんじゃないの」となるけど、まったくそういう目線ではない。数十万人が、自分たちと地域の人との関わりを考えるきっかけになることのほうが大事だと考えている。それはやはり世界的企業であることが大きいですね。

是枝　どうしたら、その考え方はこの国に定着しますか？

樋口　事業としての目標はどうしても「半年で利益出せ」などという方向にいきがちです。でもそういった本当に成功している国際的な企業が向かっているのは違う。たとえばクルマを例にとって、自動運転化技術について言うと、別にトヨタや日産、フォード、クライスラーだけじゃなくて、グーグルだってアップルだって進出できる。クルマ社会には、今まではまったく考えられなかった人たちと一緒に市場をつくっていく状況が生まれている。そういうふうに、市場のプレイヤー自体が全然違うということが起きている。そうなると、自分たちはなぜこれをやっているのかと考えるタイミングがくるのだと思うんです。そうしたとき、社会に存在する意義にきちっと向き合える企業がどのくらい出てくるか。そうした向き合い方ができたときに、マーケティング云々ではなく、働き方そのものや、その地にいる人たちとの関係性そのものを考えたときにやるべきことは何かに思いが至るのではないでしょうか。そのためには、かなり長期的な視野と、俯瞰《ふかん》する視線をもたなくてはいけません。

是枝　そういう企業、ほかにもありますか？

樋口　アメリカのいくつかのＩＴ企業も同じような感覚をもっていますね。利益を生むのは結果であって、まずは社会に何ができるか、貢献が先だと考えて動いている企業は海外に増えてきています。

是枝　社会に貢献することで社会が成熟して、結果的にものが売れるという発想を、お金を出す側がもっているかいないか、大きな違いだよね。

樋口　すごく大きな違いですね。

是枝　今、日本の放送が駄目なのは、スポンサーがそういう発想で番組提供していないからだよね。自分たちの広告媒体としてしか番組をとらえなくなっている。

樋口　どうしても、投資として効率がいいか悪いかという判断にいってしまうんですかね。もっと作り手と提供者の意識や意味づけのベクトルが近づくといいですね。そういう取り組みも増えてきているようですけどね。

是枝　樋口さんは、そうした考え方自体を、今後のスポーツイベントで変えていきたいと思っているの？

樋口　思っています。極端に言うと、「スポンサーシップ」（後援者）という言葉の意味合いを変えていくことに少しでも貢献できたら、と思っているんです。スポンサーシップは、その場をマーケティングにどう活用するかという視点でしかないから、それは限定したものの見方、考え方だろうと思っている。スポーツを、企業がどんな存在になるかを考えるきっかけ、どう変わっていくかのきっかけにすることが大切だと思います。ベタな言い方ですけど、ほんとうの意味でのパートナーであることが望まれている。スポーツを通して社会にどう貢献できるかです。お金を払ったから何かを得るということではなくて、自分たちがどうそれに向き合っていけるか。大きなスポーツイベントほど、世界中の人たちが一堂に会する機会はないですよね。もっとそのこと自体にどう貢献できるかというふうに考え方を変えていくのが、やるべきことではないかと思います。

目的と手段が逆転していないか

検索サイトは間違ったことをしたのかもしれない

是枝　最近、放送も両論併記って必ず言われるでしょ？　公権力の側は、公正・中立・客観みたいな文言を発することで、放送にある抑圧を加えて自分たちに対する批判を抑え込もうとしているんだけど、現場でも、金科玉条のように両論併記が言われるわけです。そして、作り手がそれを義務であるかのように思い込み、ものを考えなくなっている。何が正しいかではなく、バランスをとって二つ出しておくというやり方です。

樋口　なるほど。

是枝　本来、両論併記は目的ではなく、より真実に到達するための、もしくはそれに触れた人が思考を自ら深めていくための手段のはずなのに、両論併記自体がゴールになっているんです。それで疑わないんだよね。そして、その番組自体の価値がどこに届いたかではなく、いかにバランスをとったかで批判されたり評価されたりし始めている。いったい何のためにつくっているんだか、さっぱりわからなくなっている。そんなバカみたいな議論が国会の場でされているわけですよ。「その公正中立は誰が判断するんですか?」と聞くと、「最終的には大臣である私です!」と答える。政治的な公平を政治家が判断するという話です。

樋口　アメリカのＩＴ企業のトップと話をしたときに彼が言っていたことがすごく心に残っています。彼は自分たちがやってきたことが人類史的に正しかったのかどうか不安だと言うんです。

「ネットがやってきたことは、すべての人が情報にタッチできるように、情報の対価を０円にするということだった。ところが、すべての情報は並列の価値であるというふうになってしまった」と。つまり、その辺に転がっていることと、誰かに聞かなくてはわからなかったことも全部総括してしまったことがほんとうに正しかったのだろうかと彼は言っていたんです。

今、どれが正しくてどれがそうでないか、どれが上位でどれが下位かという判断をしないまま、あるいは判断する能力を養わないまま、全部は等価であるということだけが目の前にある。だから、目的は何か、手段は何か誰も判断せずに、全部並べておくということが日常的に起きる状況になったんでしょうね。

是枝　その状況は受け手が成熟していけばそれでいいと思いますか。それで成立するのかな。それがずっと疑問なんだけど。

ホリエモンの考え方には同意できない

是枝　もうずいぶん前に、ホリエモンが放送局を買おうとしたとき、今の番組のように価値を押しつけるな。自分が触れたいものに触れられるような、並列の情報が提供されればそれでいいというようなことをしゃべったり書いたりしていた。もちろん、今のように既得権益を守るために放送局が外部を完全に排除して、権力と結託している状況はまったくよくないし、そこに風穴を開ける必要はあるけど、彼が言った放送は情報の並列でいいという考え方は要するに放送をネット化するということで、そのとき僕は違うと思った。

僕は、番組は情報ではなくある価値観を交換するものだと思ってきたから、何が重要で何が重要でないか、作り手なり伝え手がある価値判断をして提供しなければいけないと思ってきた。それが表現であり伝達だと思っていたんだけど、その考え方はむしろ古くて、「いや俺たちのほうが成熟しているから、あなたの中途半端な価値観を加えずに、要するに主語をなくした情報を並べてくれれば、優先順位は自分たちで考えるよ」という視聴者のほうが成熟した人たちなのかな。

僕は、そういうのはむしろコミュニケーションにとっては退化だと思うけど、彼らはそれを進化や成熟だととらえるのかな。そこが、放送というオールドメディアに関わっている人間としては乗り越えられない転換点なんだけど。

樋口　アメリカで本が売れないなか、唯一好調なのはレシピ本だそうです。大抵のレシピはタダでネット上にあるんだけど、誰々さん秘伝のレシピはすごく高い。日本でも、東京ミッドタウンにも入っている食品会社の商品はそれなりの値段なんですよ。そこは、福岡県の山奥に住んでいるおばあちゃんのところに取材に行って、自然と対話しながら生きることと食べることとの関係性を学びながら、それを真ん中においた商品づくりなどをやられているそうなんです。

つまり0円の情報と、価値のある情報は全然違うもので、対価を認めてそれに向き合う人がいるという状況が、出版の世界でも食品の世界でも起きているんじゃないかな。全部並べて、「さあ判断しなさい。判断できるでしょ？　あなたは」と言う社会が成熟社会ではない。0円情報ときちんとした価値をもった情報はまったく別であることがわかる人間がいることのほうがより成熟した社会ではないかという気はしますね。

ちゃんとおばあちゃんに聞きに行って、その価値を生む作業をしなくてはいけないし、実際にそうしている人たちがいることが大事ではないか。それは並列な等価ではないとしていく行為のほうがむしろ成熟社会のあり方なのではないでしょうか。

是枝　今、テレビはその自信を失っている。だから、「ネットではこんなことが話題になっています」とやっているんだよね。

樋口　僕はネットと放送はずいぶん違うものだと、個人的には思っています。結局すごく大きな影響力をもって、何かしらの価値観がそこにくっついていないと、それは成立しない気がしますね。

自分に向いている感じが気持ち悪い

是枝　去年初めて、大学で演習というかたちで学生と映画をつくったんです。今まではリテラシーしかやってこなかったんだけど、去年たまたま僕が映画の現場がなかったので、思い切ってやってみようかなって。

学生三〇人くらいと四本企画して、脚本をつくって撮影して仕上げた。面白かったけど、プロになろうと思っている学生ばかりではないので、その作業にそれほど多くを期待していないというか、どこかクールで、映画という表現もサブカルの一つととらえている。映画の歴史は終わっていて、そのうえで遊んでいるという感じですね。別にそこで新しいことが生まれるわけじゃないという冷めた感じが色濃いんだけど、それはポーズでほんとうは好きなのか、好きだと言うのが恥ずかしいのかわからない。歴史認識としては彼らのほうが正しいのかどうか、そのあたりはもうちょっと彼らとつき合ってみなければわからない。僕が若い頃、一九八〇年代でも、「もう映画には新しいものは生まれない」と言われていたんだよね。

樋口　そうなんですか。

是枝　「すでにすべての映画は撮られてしまった。今からは、新しいものをどう撮るかではなくて、今まで撮られたものの何を継承していくかだ」と言われて、何を参照してつくるかという競い合いが行われていた。それが果たして映画という表現にとって豊かだったのかどうかはおいておくとしても、そういう時代がありました。それを踏まえて、大学の映画研究会の学生たちが撮ったものを見ていくと、意外と楽しんでいるとも言える。これから、彼らにとって映画はどういうものになっていくのかな。ちょっとわかんないや。

カメラは、携帯電話やスマホで撮れるようになって変わったね。アングルとか絞りとか、そういうレベルのものではなくなった。それは写真という表現にとってどうだったんだろう。

樋口　スマホで撮影したムービーが一大産業のようになっています。

是枝　一分スマホのムービー（ＮＨＫの番組）って面白いけど、結局自撮りに近いことになってくるよね。カメラが世界へ向かなくなっている。自分に向いている感じが僕は気持ち悪いんだけど。自撮りのブームは不思議だよね。

樋口　先日あるアイドルの撮影をしたときに、その子が自撮りしてきたのが一番よかったんです。なんだろう、これは。

是枝　その角度に自分が適応しているんだね、きっと。顔がね

樋口　必要以上に自己プレゼンテーションを意識している感じがありますよね。

一つの会社で働き続けるメリット

ノウハウや価値観は継承されているか

是枝　今、ビジネスマンは何を求めているんだろう？　僕らの親の世代は完全に終身雇用で、男はよくも悪くも愛社精神をもって企業共同体のようなもののなかで、その価値観とともに生涯を終えてきたわけですね。それが急激に変わった。その変わったことのメリットとデメリットがあると思うんだけど。僕自身は、会社ではすごく居心地が悪かったし、一体感を感じたことはまったくない人間だけど、人はある種の共同体がなくては生きていけないとは思っている。でも、企業共同体が崩壊したあとに残っているのがナショナリズムとインターネットというのは、あまり健康的じゃない。

樋口　健康的じゃないですね。

是枝　企業共同体のデメリットはたくさんあったけど、それでも、この国の社会のなかで果たしてきた役割があったのかなとちょっと思っています。ＢＰＯの仕事で、一番多くトラブルが起きているのは放送の現場です。放送局の人がいて、制作会社の人がいて、派遣社員がいて、アルバイトがいて、このいろんな給料といろんな立ち位置で番組にかかわる人たちに、まったく番組に対する価値観が共有されない、ノウハウも継承されないという状況が生まれている。

派遣社員が送られてきたとき、プロデューサーやディレクターは彼らを育てようとしない。やはり三カ月でいなくなる人間に教えてもしょうがないと思うんですね。すると、そのスタッフは人足でしかなくなる。彼らも、自分の番組だと思っていないから番組に対する責任感がない。だから倫理感を共有できない。「この番組は、こういう価値観でこういう倫理でこういう美学で制作しているのだ」ということが浸透しないまま番組がつくられている。そこのブレからいろんな問題が起きています。つまりプロデューサーはドキュメンタリーだと思ってるのにアシスタントディレクターはバラエティだと思ってるというようなことが現実に起こっている。

番組はすべて放送局の人間でつくるべきだとは思ってないし、僕自身、制作会社の人間で、放送局の人間だったことは一度もない。しかし少なくとも制作会社のなかでは、ノウハウや価値観は、職人的な技術として継承されていく縦軸があり、横の広がりもあった。それが今やはり壊れてきている。

樋口　すごく伸びているIT企業の経営者たちに会って話すと、彼らは離職率が高いことに悩んでいます。ボンボン入ってくるけど、ボンボン辞めていく。入ってくる人たちは、伸びているし楽しそうだからとやってくるんだけど、外から見ると華やかだけど、実際はそうでもなかったと辞めていく。それを繰り返していると、その人自身が、次の居場所を探すために自己プレゼンテーションを考えなくてはいけないので、自分をどうアピールしていくか、そういうところから物事を考えてしまうようになる。そっちが目的になってしまうんです。

そういう行動規範が生まれてしまって、身につけなければいけなかったノウハウや能力が習得できていない。すると、やはり行く先々でうまくいかない。そういうことが起きています。だから、終身雇用のメリット、デメリットでいくと、デメリットとしては、ぬるま湯で全然働かなくなるようなことが一部であった。一方で、長い目で見たうえで、自己プレゼンテーションやアピールよりも大事にしなければいけないこと、たとえば量をこなすことで身につけた判断基準とか、それを越えるために獲得したスキル、そういったものに向き合うことができた。その部分はメリットとして大きかったのではないかという気がします。

古い会社から新しいものが生まれている

是枝　僕は自分が下積みをしてないから、あまり偉そうなこと言えないんだけど、僕が所属していた制作会社の上の人たちからすると、僕なんかが一番そういう共同体意識の薄い新しい人間だと思われてきたはずだし、僕自身それでいいと思ってきた。こんなレベルの低い人たちの下に一〇年もいたら腐ってしまうと思ってきた。

そう思ってきた人間が今真逆のことを言っているかもしれないけど、番組と作品にとっては、共同体意識の薄いスタッフが入れかわり立ちかわり参加をしていることはよくない。難しいところですね。

樋口　ある種古い企業として見られていた企業から、新しいタイプの自動車とかがどんどん生まれていて、新興の企業からむしろ新しいものが生まれにくい状況もある。それはおっしゃるようにノウハウやＤＮＡが継承されないために、どこも同じようなものを出してしまうという状況があるんでしょうね。バックグラウンドとなるフィロソフィ（哲学）がなくて、どこが出しても同じようなものになっていき、それは結果的にその企業の競争力にはならない。

最近、「運動会をやりたいと思っているんですよ」と言われる企業の方がいます。きちんと共同体をつくっていかないと、フィロソフィが育たないということのようです。

是枝　それって日本独自の考え方？　アメリカだともっと自由なの？

樋口　その傾向はありますけれど、グーグルやアップルは日本企業に近くて、共同体意識が非常に強いですね。

是枝　そうですか。僕は、今の自分が、若い頃に考えてきた自分よりも保守的な気がしているんです。今年のお正月も、十数人で新年会をやって書初めをした。そういうのが意外と嫌いじゃない。お年玉配って、みんなでボーリングして、焼き肉食べて、今年も頑張りましょうと言って。こういうのは昔は大嫌いだったのにと思っているんです。テレビマンユニオン時代は、新年会や忘年会には一度も出ていないのに。わからないもんだな。

樋口　さっき話した、自己プレゼンテーションや自己アピールを重視していると、無駄に見えることを全部切り捨てるようになりますね。しかし、無駄だと思って切り捨ててきたことのなかにこそ、じつは大事にすべきことがある。ＩＴのトップの人が「人類史的に大丈夫かなと思っている」と言ったという話をしましたが、その方は「最適化」ということに疑問をもっている。

最適化によって、自動的にその所作を選ぶようになるとか、自動的にそのレストランを選ぶようになるというようなことがどんどん増えていくと、結果的には無駄と思えることや、余白をつくる行為が極端に少なくなっていきます。

是枝　最適化からは無駄が生まれないということですね。僕は、アマゾンでおすすめされるとすごく買いたくなくなるんだよね。「お客様のショッピング傾向に基づくおすすめ商品」とか言われるのがすごく嫌で、「オレ、それ好きじゃねーよ」とか、「いやいや、これとこれは違うものでしょ」と思うけど、あれは誰がおすすめしているの？

樋口　プログラムが組まれている。

是枝　傾向がカテゴライズされているってこと？

樋口　購入した商品が、次に有効に機能するためのデータになって、さらに選択肢を狭めていくんですよね。で、判断を委ねていく状況になっていく。

是枝 うん、自分で選んだり失敗したりする喜びがなくなるよね。

山下和美さんという漫画家と対談したら、高校の同級生が本屋で働いていて、本はそこで買うと言ってました。そこに行くと、「こないだの本どうだった?」「あ、面白かったよ」「今度新しいのが入ったよ」と言われて、一緒に店内を回って何冊か買う。それならわかるんだよね。

樋口 それはすごくいいですね。

是枝 アマゾンのおすすめはそれとは違うよね。「前に買ったものはどうでしたか?」って聞かれていないもんね。

樋口 そうですね。その商品のレビューを書いても、おすすめには反映されないですね。

是枝 コミュニケーションになっていない感じがすごく嫌なんだよね。なのに、なんですすめるんだよって思う。

樋口 そういう書店員がいるといいですね。

是枝 いいですよね。それが基本な気がする。

「最短」からは面白いものが生まれない

樋口　失敗する喜びって、さっきおっしゃっていましたけど……。

是枝　今、失敗できなくなっているんですね、若い子も。

樋口　失敗できない状況でしょうし、したくないというのも強いでしょうね。

是枝　最短を歩こうとする。

樋口　最短からは面白いものは絶対生まれないような気がするなあ。

先日、上野の国立博物館で「江戸のからくり人形展」を見たんですが、すごいレベルでした。ぜんまい仕掛けの時計をつくれる職人と木工の職人と、浄瑠璃の文化が、たまたま出会ってしまったのではないかという感じでした。からくりは、本来はまったく異なる分野の職人たちが、たまたまなにかのきっかけで出会って、「これとこれをやってみると面白いんじゃないか」と無駄なことをやってきた結果生まれたんだと思うんです。

無駄なことにトライしているうちに、たまたま生まれてしまった。まさに余白と余白の掛け算でからくり人形ができている気がしました。それが結果的には今のロボットに繋がっているんじゃないかな。まったく違う分野の人がたまたま無駄話をしていて生み出すようなことがなければ、発展しないタイプのものだと思ったわけです。そういう余白を掛け算するようなことがないと、ものごとは進まないし生まれないと思うんです。最短距離だと生まれないだろうなという気がします。

是枝　でも、大学で文系の学部を削って理系を増やそうというのは、発想としては最短をいくということでしょ。文系は無駄だと。役に立つことを最短で学んで、世の中の役に立てという解釈ですね。

樋口　役に立つことが目的になると、間違った方向にいきますよね。役に立つかどうかは結果論でしかない。手段と目的と結果は混同されがちですね。

是枝　大事なところかもしれないね。手段と目的。

「役割」を取り払って考えてみる

樋口　会社では組織上、部署をつくりますね。部署をつくると、目的と手段が混同されがちになります。本来手段でしかなかった部署を切り分けるわけです。大きな目的からすると手段にすぎなかったものが、切り分けられて役割を与えられると、それが目的になってしまうんじゃないかな。だから、その部署の人は手段だったはずのものを目的にしてしまって、それだけをやってしまうということが起きるんじゃないかな。

大きな組織ほど、目的と手段が混同されがちなのは、あまりにも細かく部署を切り分けて、「あなたはここからここまでの範囲の人」という規定をしてしまっているからではないかと思うんです。その枠を取っ払って、ほんとうは何が大事かと考えさせると、目的と手段の混同は起きづらくなるんだと思うんですよね。切り分けて限定していくと、そういう風になりがちなんでしょうね。

是枝　BPOの話に戻ると、コンプライアンス（法令厳守）室というのがガンだと思っているんです。まさにそこだけ切り分けて特化させて、BPO対応窓口にして、コンプライアンス室長が窓口になる。すると、本来は面白い番組をつくるためにコンプライアンスが必要なのに……

樋口　コンプライアンス室長は、それを目的にするでしょうね。

是枝　コンプライアンス室長はコンプライアンスが目的になって、面白いかどうか関係なくなる。ただの危機管理です。本来は、現場のプロデューサーとディレクターにコンプライアンス室長の能力があればいいんだよね。それが、現場のプロデューサーとディレクターからコンプライアンス能力を切り分けたがゆえに現場が判断できなくなっている。そうすると危機管理だけしか残らない。何か間違いが起きたときには、BPOに報告書がくるんだけど、どの局も文面が同じ。コンプライアンス的に問題のない書き方をしているから。

樋口 役割って怖いですね。役割を切り離した瞬間にそういうことが起きるんですね。

是枝 逆に能力を削るよね。でも、人間ってそういう風にできているのかな。

テレビマンユニオンは、僕が入ってしばらくまで、ディレクターが企画書いて、自分で局に持って行って、プレゼンして通して番組をつくっていた。それが、入って何年目かで企画室ができた。たぶん同じ局の同じ枠に同じような企画を同じ会社のディレクターが別々に持って行くと混乱するからという理由だったんだけど。

企画は企画室に出して、企画をいったん精査したうえで窓口の担当を決めて、そこが企画を持って行くというシステムになった。そのことで何が失われたかというと、ディレクターのプレゼン能力が落ちた。ディレクター自身が放送局の人間と出会わなくなったからです。ディレクターは企画室の窓口担当者としかやりとりしなくなって、「どうでしたか？」と結果を聞くだけ。それで「うん、通らなかったよ」なんて言われる。それは、ディレクターからある能力を奪ったんですよね。

樋口　同じタイプの仕事が大量にあるという前提だったら、切り分けてやるのは効率的だし、いっぺんに大量の仕事がこなせるということはあるんでしょうね。でもこれからは、同じタイプの仕事が大量にある状態はないだろうと思うんです。問題意識は一つひとつまったく違うはずだし、問いかけるものもまったく違うはずだから、やるべきことも手段も全然違ってくる。

だから、役割を規定して処理していくというやり方は今後難しくなるように思います。そこにしかない問題意識とそこにしかない視点のもち方と、そこにしかないアイデア全部がワンセットで、誰かの範囲内でつくられなければ、力のあるものにならないように思います。

是枝　本当にそうですよね。

17の質問

Question
是枝裕和

Q1：お気に入りの言葉、または仕事をするうえで影響を受けた言葉

大切なのはイマージュよりオマージュ（荒木経惟）

Q2：仕事をする姿勢や心構えに関して影響を受けた本1～3冊

『創造は組織する』村木良彦
『喪の途上にて』野田正彰
『路上の視野』沢木耕太郎

Q3：仕事をする姿勢や心構えに関して影響を受けた映画1～3本

『ケス』ケス・ローチ
『稲妻』成瀬巳喜男
『恋恋風塵』侯孝賢

Q4：迷ったとき、行き詰まるときに立ち返る本1～3冊

『棒がいっぽん』高野文子

『不思議な少年』山下和美
『海街diary』吉田秋生

Q5：**嫌いな言葉は？**
テンション（よくわからない）。

Q6：**気持ちを高揚させてくれるものは？**
天ぷらを揚げる音。

Q7：**どんなことにげんなりしますか？**
スケジュール帳に会議という文字を見つけたとき。

Q8：**大好きな音は？**
本を読むBGMとしては電車の走る音。

Q9：今の仕事以外に就いてみたいものはありますか？

ありませんが、何にでもなれるならボクサー。

Q10：あなたの5年後は何をしていると思いますか？

映画を撮っていると思います。たぶん日本の外で。

Q11：誰かを楽しませていますか？

少なくとも自分を。

Q12：人生を楽しくするものは？

好奇心じゃないですか。

Q13：自分の弱さを思うときは？

パーティに出席して5分で帰りたくなったとき。

Q14：自分に課しているルール

無駄なことなど何ひとつない、と考えること。

Q15：スランプに陥ったときの立ち直り法は？

今までスランプでなかったことなどないと考える。

Q16：格好悪い大人にならないためにはどうしたらいいと思いますか？

格好良い大人になろうとしない。

Q17：仕事人としての幸せとは？

次を待っていてくれる人がいること。

Question

樋口景一

Q1：お気に入りの言葉、または仕事をするうえで影響を受けた言葉

「その言葉は手のひらに乗りますか？」。新入社員のときの大先輩の言葉。誰かの身体性に問うものであるかどうかということ。

Q2：仕事をする姿勢や心構えに関して影響を受けた本1～3冊

『100の指令』日比野克彦

Q3：仕事をする姿勢や心構えに関して影響を受けたイベント1～3本

98年フランスワールドカップ。

Q4：迷ったとき、行き詰まるときに立ち返る本1～3冊

『デザインのデザイン』原研哉

Q5：嫌いな言葉は？

無責任に放たれた言葉。何かを背負って生まれた言葉ならば嫌いになることはありません。

Q６：気持ちを高揚させてくれるものは？

誰かの情熱が注がれたもの、こと。

Q７：どんなことにげんなりしますか？

安易な肯定と安易な否定。

Q８：大好きな音は？

スモークがたかれるときの音。主に小劇場で。自分にとっては、物語が始まるときの音、そのもの。

Q９：今の仕事以外に就いてみたいものはありますか？

本文にもありますが、飲食業。でも務まらないと思います。

Q10：あなたの5年後は何をしていると思いますか？

怒涛の5年を終えて放心状態になっていると思います。

Q11：誰かを楽しませていますか？

家族を楽しませているとしたらうれしいです。

Q12：人生を楽しくするものは？

ものごとをいろいろな角度から見ることができるかどうか、につきると思います。

Q13：自分の弱さを思うときは？

むしろ弱さしかありません。日々自分の弱さと向き合っています。

Q14：自分に課しているルール

毎朝6時半からのコーンドリブル。

Q 15：スランプに陥ったときの立ち直り法は？

食生活を立て直します。

Q 16：格好悪い大人にならないためにはどうしたらいいと思いますか？

格好悪い側の人間なので何とも言えませんが。自らの格好悪さと向き合うとよいのではないかと思います。

Q 17：仕事人としての幸せとは？

人に出会えること。知らなかったものに触れること。

おわりに　勇敢であること

是枝裕和

樋口さんとの対談の中で一番印象に残っているのは、コマーシャルのコンクールの審査員をする時に最も大切にしている評価の基準は「勇敢」であるかどうかである——という言葉だった。

他人の作品をついつい好き嫌いで切り捨てたり、自分ならああはしないなどと、そんなことは己《おのれ》の創作ノートに記しておけば済むことを、あたかもそれが全うな批評であるかのような錯覚に基づいて、人前で得意気に振る舞ったりしがちな自らを僕は恥じた。

そのような基準をひとつ胸に持つことは、審査員として以上に、ひとりのものつくりとして、作品と向き合うその覚悟や倫理を決定付ける、とても大切な態度であろう。

この言葉に出会えたことを自分はずっと忘れないでおこう。そう、強く思っている。

はじまりは雑談だった。

世田谷公園にこどもと遊びに行った時に偶然樋口家と一緒になり、同じ保育園に通うこども同士が遊んでいるのを並んで見ながら、お互いの仕事について言葉を交わした。

共通の友人が存在したこと、九州新幹線という共通の題材に取り組んだ経験があったことから話は、はずんだ。

もう4年ほど近く前になるだろうか、お正月休みに公園に行った時に、樋口さんは息子さんと凧《たこ》を揚げていた。

僕は父と凧揚げをしたことがない。だから、今でもどうやって凧を揚げたらいいのかわからない。これは、息子としての、そして父としての秘かなコンプレックスだった。

そんな僕の気持ちとは関係なく、娘はあれをやりたいと言い出した。

「あれは男の子の遊びだよ」と、僕は卑怯な言い訳を口にした。その時樋口さんが、手招きをして、娘を呼び寄せ、一緒に凧揚げをしてくれたのだった。僕はホッとしたようなちょっと寂しいような複雑な気持ちで、その凧を見上げていた。

この時の経験が、『そして父になる』という映画のワンシーンに発展したのだということを、この場を借りて告白し、樋口さんへの感謝の言葉にかえさせて頂ければと思う。

そんな父同士の、緩い雑談の延長線上に、この本は出来上がっている。その緩さが、通常の対談や討論とは異なる、より正直で率直な対話に結び付いていてくれていれば、幸いである。

是枝裕和

Hirokazu Koreeda

1962年東京都生まれ。早稲田大学卒業後、テレビマンユニオンに参加。主にドキュメンタリー番組を演出。2014年に独立し、制作者集団「分福」を立ち上げる。主なTV作品に「しかし……福祉切り捨ての時代に」（91年／フジテレビ／ギャラクシー賞優秀作品賞受賞）、「もう一つの教育～伊那小学校春組の記録～」（91年／フジテレビ／ATP賞優秀賞受賞）、「記憶が失われた時……」（96年／NHK／放送文化基金賞受賞）などがある。初監督した映画『幻の光』（95年）が第52回ヴェネツィア国際映画祭で金のオゼッラ賞を受賞。『誰も知らない』（04年）がカンヌ国際映画祭にて、映画祭史上最年少の最優秀男優賞（柳楽優弥）を受賞。『歩いても歩いても』（08年）でブルーリボン賞監督賞受賞。『そして父になる』（13年）で第66回カンヌ国際映画祭コンペティション部門審査員賞受賞。そして、『海街diary』（15年）で第39回日本アカデミー賞作品賞、監督賞に加え、最多12部門受賞。著書に『官僚はなぜ死を選んだのか』（日経ビジネス人文庫）、『歩くような速さで』（ポプラ社）、『世界といまを考える1～2』（PHP文庫）ほか。

樋口景一

Keiichi Higuchi

株式会社電通 コミュニケーション・プランニング・センター センター長。エグゼクティブ・クリエーティブ・ディレクター。1970年福岡県生まれ。94年東京大学卒業後、電通入社。国内で経営戦略・事業戦略・商品開発から広告キャンペーンまでトータルにディレクションを行う一方、海外での事業開発案件を多数手がけるなど広告領域を越えた活動をグローバルに展開。最近では、発展途上国を中心に地域や国家ブランディングに携わる。カンヌ国際広告賞金賞、ロンドン国際広告賞金賞など国内外の受賞多数。カンヌ、クリオ、NYフェスティバルなど審査員歴多数。武蔵野美術大学非常勤講師（視覚伝達デザイン）。著書に『発想の技術』（朝日新聞出版）、『社会人思春期の歩き方』（廣済堂出版）、『仕事という名の冒険』（中央公論新社）。

企画・編集　西広佐紀美
編集協力　ことぶき社
装幀・本文デザイン　水戸部 功
撮影　諸星太輔
中島古英

公園対談 クリエイティブな仕事はどこにある?

2016年6月20日　第1版第1刷
2018年6月29日　第1版第2刷

著　者　是枝裕和
　　　　樋口景一
発行者　後藤高志
発行所　株式会社廣済堂出版
〒101−0052　東京都千代田区神田小川町2-3-13 M&Cビル7F
電話03-6703-0964(編集) 03-6703-0962(販売)
Fax 03-6703-0963(販売)
振替00180-0-164137
http://www.kosaido-pub.co.jp

印刷・製本　株式会社廣済堂

本文DTP　株式会社三協美術

ISBN978-4-331-52028-4 C0095

定価はカバーに表示してあります。
落丁・乱丁本はお取り替えいたします。